2030年，
世界經濟中心在非洲

汽車、能源、金融、醫療、時尚……
未來，製造業基地與新興消費市場都在這裡！

포스트 차이나 아프리카를 공략하라

李洪均（이홍균） 著
金學民 譯

高寶書版集團

前言

　　非洲其實從很就以前開始就是顆明日之星，常常被冠上「未來市場」這個頭銜。然而，非洲在獨立後，一直未能擺脫歐洲殖民時期得到的稱號「黑暗大陸」。非洲總會被貼上「資源豐富」、「飢餓與疾病」、「內戰」等標籤，因此給人留下了貧窮的印象。二十世紀時，非洲只能眼睜睜地看著亞洲等發展中國家經濟飛速發展，作為一塊「失落的大陸」被遺留在全球經濟邊緣。

　　但現在非洲大陸正在甦醒。沉睡已久的「非洲獅」正準備全面出擊。非洲經濟正在如火如荼地成長。政治穩定、經濟改革、技術創新這三駕馬車正基於自然資源，拉動經濟成長。就像過去的「亞洲四小虎」[1]以工業化帶動經濟成長一樣，「非洲獅」正在以跳過中間階段的跳躍式發展和創新，快速且急遽成長。

　　非洲經濟成長的關鍵在於全球供應鏈轉移。隨著全球供應鏈重組，生產基地正在從中國、東南亞轉移到印度，並邁向非洲。在經濟成長的過程中形成的中產階級正預示著非洲

1　編注：印尼、泰國、馬來西亞、菲律賓。

將成為「世界市場」。此外，非洲人口不僅在爆發性地增加，而且還很年輕。

2021年，「非洲大陸自由貿易區」（AfCFTA）正式開始，該貿易區為全球規模最大、由49個國家參與、涵蓋12億人口、國內生產毛額（GDP）高達2.5兆美元的單一大陸市場。[2]非洲國家之間的區域經濟整合有望加速，吸引的外資規模也有望進一步擴大。

目前，世界各大強國正在關注非洲。為了搶先布局，各國正在展開一場以中國為首的新爭奪戰。美國正在各個方面與中國發生衝突，歐洲各國也正在為殖民統治時期的歷史道歉，並致力於重振昔日的輝煌。此外，日本、印度也加入了這場爭奪戰。

在非洲市場，韓國屬於後發國家。雖然慢了一步，但該是透過非洲市場，為經濟尋找新突破口的時候了。近幾年韓國發生了車用尿素溶液緊缺事件，部分商品的全球供應鏈出現弱點，因此不少人表示應該要開拓全球供應據點，不再過度依賴中國。在非洲瞬息萬變的環境中，我們應該透過差異化尋找機會。

進軍非洲市場時，會面臨諸多問題。非洲市場可能與我

2　編注：根據「非洲大陸自由貿易區」官方網站，截至2024年1月，已有54個非洲聯盟（African Union，AU）成員國簽署協議，其目標是創建涵蓋約13億人口、GDP約3.4兆美元的單一大陸市場。

們的認知有差距，而且有著不同於全球標準的經濟學。另外，非洲是由多個國家組成的，因此了解非洲獨特的文化極為重要。我們還需要細分市場、制定針對性策略。想成功打入非洲市場，不僅要具備在地化等行銷概念，還必須從多個角度了解非洲。

　　這本書是從資訊需求者的立場出發所寫的書。我在準備赴非洲工作和在非洲工作時，發現關於非洲的資料並不多。因此，我決定任職結束後，一定要整理並分享自己在非洲時的經驗。我的文筆中下且平凡無奇，對於這樣的我來說，這可能會是個冒險的嘗試。但我希望自己能為想要尋找未來市場並進一步開拓世界的讀者提供一些幫助。

　　由於本書不是學術專書，因此我沒有提供所有資訊的出處，這點還請讀者們見諒。最後，非常感謝 Bookocean 出版社的樸英旭總經理和相關人士欣然付出，讓本書成功出版。

2022 年 5 月　李洪均

目錄
Contents

目錄
Contents

第一章

沒有非洲，就沒有未來成長

01
全球供應鏈正在重組

製造業是大部分已開發國家經濟成長的基礎。十九世紀的英國和二十一世紀的韓國、中國、越南就是如此。製造業不僅能讓貧窮國家追上已開發國家的生產力，還能引導工業化，推動經濟成長。研究發展中國家經濟發展理論有功而獲得諾貝爾經濟學獎的英國經濟學家亞瑟‧路易斯（Arthur Lewis）曾主張，「當勞動力從非生產性的傳統產業轉移到現代資本活動，經濟就會發展」，並強調了製造業的重要性。製造業的成長創造了工作機會，並帶來都市化發展、消費需求增加等良性循環。也就是說，經濟成長始於製造業成長。

隨著世界經濟全球化加劇，全球供應鏈正在快速重組。商品的生產者和消費者正在根據國際供需和比較優勢原理尋找新市場。過去，勞動密集型生產基地持續從韓國轉移到中國，現在則遷往了東南亞，因為其更具吸引力和比較優勢。繼韓國、中國之後，生產基地轉移到了越南和印度等勞動成本低廉的地區。那麼，下一個生產基地會是哪裡呢？

全球有許多研究機構和專家預測，非洲是一個前景看好

的製造業生產基地，能取代中國和東南亞。許多援助機構和諮詢機構（UKAID、WB、E&Y）展望，衣索比亞、肯亞、坦尚尼亞、奈及利亞、莫三比克、迦納的製造業將會成長。世界銀行指出，中國製造業的薪資在十年內漲了三倍以上，製造業的工作機會將從中國轉移到東南亞和非洲。美國安全情報智庫斯特拉福（Stratfor）於 2013 年選出了今後有望繼中國成為製造業基地的 16 個國家（Post-China 16，PC 16），其中包含了坦尚尼亞、衣索比亞、烏干達、肯亞等多個非洲國家。

全球各大製造企業早已離開中國。進軍中國的韓國企業也離開中國已久。離開中國後，各國紛紛轉移到東南亞國家。不過，由於近幾年越南、孟加拉等的生產成本增加，全球服裝業正在努力尋找下一個生產基地，並高度關注東非地區。另外，非洲人口增加、都市化發展使得工業產品需求增加也進一步促進了製造業進軍非洲。

我從 2012 年到 2016 年在中國工作了四年。當時中韓兩國交流非常頻繁，韓國的勞動密集型產業不是已經轉移到了中國，就是正在準備轉移。中國的地方政府則積極示好以吸引韓國企業，並提供了各種優惠措施，同時還在韓國設立了辦事處，直接與韓國地方自治團體和企業接洽。

但是好景不常，全球價值鏈發生了變化，中國的產業結構也隨之改變。首先，中國開始重視環保、技術密集型產業，

並選擇性地招商引資。中國企業已經取得了技術進步，不再只是需要單純的製造技術。

再者，隨著中國的勞動成本飆升，為了降低勞動成本而進軍中國市場的製造工廠再也無法靠降低生產成本在中國市場存活下來。想要繼續留在中國，就得瞄準中國市場的內需或創造高於生產成本的附加價值。結果，為了降低變得相對較高的勞動成本，鞋類等輕工業工廠不得不將生產基地轉移到越南等東南亞地區。

當時在中國發生的變化，現在似乎正在東南亞重現。轉移到東南亞和印度的生產基地也面臨著各種限制。據說，韓國企業已經在越南切身感受到了過去不再被中國重視的感覺。因為現在的越南已經不再是十年前追求溫飽、渴求創造就業機會和工業化的越南了。

和已開發國家政府一樣，對非洲政府來說，創造就業機會是一大課題。「民心即是天心」這句話在非洲同樣適用，解決國民溫飽問題是當務之急。就算不提及官方統計數據，當地人也都很清楚非洲的失業率高達 30 ～ 40％。辛巴威的穆加比政府也是因為國民無法忍受飢餓、上街示威而就此下台。因此，非洲政府正在高呼創造工作機會、扶植製造業。

也因為如此，「透過工業化扶植製造業、增加就業機會來拉動經濟發展」成了非洲國家最大的課題之一。許多非洲國家正試著不讓經濟結構過度依賴自然資源或進口。為了實

現工業化，大部分的非洲國家正在實行製造業扶植政策。當地媒體在報導新設工廠相關新聞時，強調的都是創造了多少就業機會，而不是投資金額或技術轉移等產業波及效應。

　　非洲製造業是政府扶植出來的結果，其發展速度僅次於亞洲。聯合國工業發展組織（UNIDO）的數據顯示，非洲製造業的附加價值增加率超過了全球平均值。在 2000 年後的全球製造業領域，非洲的增幅僅次於亞洲。考慮到同一時期的增加率大部分來自中國製造業，非洲製造業的成長趨勢值得關注。按照這個成長勢頭，非洲有望在不久之後超越亞太地區。

地區別製造業附加價值年均增長率

	製造業附加價值年均增長率（%）	
	1990 ～ 2000 年	2000 ～ 2016 年
全球	2.9	3.1
非洲	1.4	4.0
亞太地區	4.6	5.9
歐洲	1.0	1.3
拉丁美洲	2.9	1.2

資料來源：UNIDO Industrial Development Report 2018

　　援助機構也是持類似的立場。聯合國等國際組織也將援助非洲的核心目標從原本的「單純援助」改成了現在的「工業化支援」，聯合國、非洲聯盟、非洲開發銀行（AfDB）都

在支援各種扶植政策。非洲開發銀行甚至將 2018 年於韓國舉行的年會主題定為「促進非洲工業化」。也就是說，為了援助非洲，各大援助機構不再「授人以魚」，而是「授人以漁」。

跨國企業也正在投資非洲。瑞典服裝企業 H&M、土耳其的 Ayka 都正在衣索比亞進行投資、生產商品，並試著擴建生產設備。中國華建集團為了生產服裝、鞋類，投資了 20 億美元，力帆汽車則在衣索比亞首都阿迪斯阿貝巴建設了汽車組裝廠。

作為製造業基地，非洲的最大優勢莫過於豐富的勞動力和低廉的勞動成本。衣索比亞的勞動成本為中國的 25％、東南亞的 50％。由於衣索比亞擁有一億人口、勞動成本低，其正在成為非洲的製造業基地。衣索比亞、肯亞等資源依賴度較低的國家目前正在積極推動透過投資製造業促進經濟成長的政策。此外，衣索比亞的製造業正在透過外部投資獲得顯著成果。中國企業已經在衣索比亞建立了工業園區，並且正在擴大對服裝、皮革、鞋類等輕工業及家電、手機、汽車的投資。

非洲是有望取代中國和東南亞的製造業生產基地。2021年秋天，韓國發生了車用尿素溶液緊缺事件，部分商品的全球供應鏈出現弱點，因此有人表示應該要開拓全球供應據點，不再過度依賴中國。這就是韓國企業和政府必須關注自

然資源豐富的非洲，並制定進軍戰略的理由。為此，在非洲
瞬息萬變的環境中，我們應該透過差異化尋找機會。

02
年輕的非洲

　　一直以來，人口都是反映國家實力的眾多指標之一。因為人口是勞動力、生產要素，同時也是消費者。近年來，大多數國家都因為生育率低，而出現了人口減少、高齡化等社會問題。人口老化程度越高的國家，必須負擔的福利成本就越高，但在這樣的情況下勞動人口卻會逐漸減少。

　　聯合國預測，2020 年至 2100 年，將有 90 個國家的人口會減少。人口排名前 30 的國家中，有 19 個國家的生育率將等於或低於人口替代率。人口減少最多的國家將會是中國，減少 3.74 億人；其次是日本，減少 5,200 萬人；巴西減少 3,200 萬人；泰國減少 2,400 萬人。生育率排名倒數第一的韓國則將減少 2,200 萬人，減少人口數排名第五。

　　然而，被稱為「人類故鄉」的非洲大陸正在成為世界人口的中心。聯合國指出，非洲人口很有可能在未來十年內超過中國和印度。到了 2030 年，非洲人口預計會從 2018 年的 12 億人增加到 20 億人，超過 2025 年的中國（14 億人）和印度（16 億人），成為人口最多的地區。2050 年，非洲人

口將增加至 25 億人，占全球人口的 25％；2100 年則會增加
至 38 億人，將近占全世界人口的 35％。

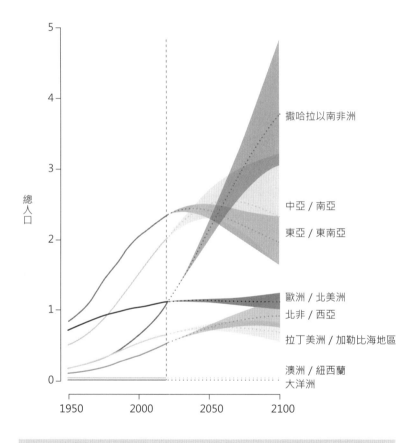

地區別人口變化趨勢預測（至2100年）　　　　**資料來源：聯合國(2019)**

帶動人口增加的最大動力仍然是高生育率。在高生育率下，非洲掀起了嬰兒潮。美國民調機構皮尤研究中心預測，2100年全世界的嬰兒中將有一半都來自非洲。生育率排名世界前列的國家大多集中在非洲。奈及利亞為人口最多的非洲國家，生育率達5.4。東非也是如此。據調查，每名婦女生育五個以上的子女。

非洲各國政府也正在鼓勵生育。東非坦尚尼亞前總統約翰·馬古富利（John Magufuli）主張，「若想振興經濟，女性就必須生更多孩子」，他還表示，「人口多，就能發展經濟」，「中國就是多虧了人口，經濟才會大幅發展」，並舉了奈及利亞和印度的例子。此外，為了提高生育率，馬古富利還禁止坦尚尼亞播放計劃生育公益廣告。世界銀行估算，2016年坦尚尼亞婦女的人均生育率為5.02。

非洲人口今後也預計會持續增加。許多統計資料顯示，非洲人口未來也會壓倒性地多，未滿25歲的人口將遠高於其他大陸。根據聯合國推算，2015年未滿25歲的人口比例最高的大陸依序為非洲、南美洲、亞洲，分別為55.5％、37.8％、36.6％。

年齡中位數指的是將全體人口按年齡順序排列時，位於中間位置的年齡。非洲大多數國家的年齡中位數不到20歲。世界銀行預測，非洲人口的平均年齡將從2018年的18歲上升到2050年的25.4歲。2018年，全球平均值約為30歲，

韓國的年齡中位數則很遺憾是 42.6 歲。[3]

　　非洲就是如此年輕。由於生育率高且預期壽命短，撒哈拉以南非洲成了世界上最年輕的地區。多虧如此，主要勞動人口，也就是 25 ～ 64 歲勞動人口的比例將從 2019 年的 35％增加到 2050 年的 43％，2100 年則將增加到 50％，並持續增加到本世紀結束。青壯年人口預計會在今後三十年內增加兩倍以上。非洲是唯一一個主要勞動人口持續增加到 2100 年的地區。

　　在非洲，15 ～ 26 歲的青壯年人口被稱為「獵豹世代」（Cheetah Generation）。這個世代使用手機、社群網路服務（SNS），引領著新的消費文化。對購買力旺盛的年輕人來說非洲可謂天堂，非洲也因此堪稱「年輕的非洲」。

　　不過，生育率上升使人口增加，實際上可能會對國家財政造成威脅，因為教育青少年需要鉅額成本，而且大量人口會導致貧窮階層增加，招來「無法脫離貧窮」這個巨大的災難。聯合國就曾警告，非洲的高生育率將導致醫院、學校嚴重不足。

　　但比這更重要的是，在全世界人口驟減、勞動力減少的情況下，非洲人口增加雖然可能導致貧窮階層增加，但也有可能會使非洲發展成「世界市場」。從勞動力增加的觀點來

3　編注：2018 年台灣的年齡中位數為 41.54 歲；2022 年則為 43.87 歲。

看，非洲青年人口增加其實是能提高產業競爭力的機會。

03
拋開過去的偏見！

大家的偏見

　　非洲是人類的起源地，是人類居住最久的大陸，也是遼闊的大陸。美國、中國、歐洲、阿根廷、印度、日本領土加起來都沒有非洲大。但在我們的印象中，非洲是一塊「貧窮又落後的大陸」，而不是「充滿潛力與機會之地」。媒體報導非洲時，總是提及貧困、飢荒、內戰、屠殺、獨裁、乾旱等負面形象，讓我們留下了狹隘的印象。

　　但事實真的是如此嗎？確實有一部分是事實沒有錯。奴隸制度和曾被歐洲殖民數百年的過去一直都是阻礙非洲經濟發展的絆腳石。儘管非洲國家已在 1960 年代初擺脫了歐洲列強的長期殖民統治，許多國家仍因為內戰持續不斷和政策失靈等原因，而未能走上正常的經濟發展軌道。

　　但是現在的非洲已經不再是貧窮又紛爭不斷的「危機之地」了。非洲是一個具有無限發展潛力與機會的市場，是一片廣闊的大陸。許多非洲國家的經濟成長率和人口增加率排

名全球前列。

得益於政治穩定和原物料價格上漲，非洲國家從 2000 年代起便持續顯著成長並且獲得了認可，被評價為「充滿機會和希望的大陸」，而不再被視為「黑暗大陸」。非洲各國也正在開發作為未來世界市場的潛力。雖然非洲大陸的平均經濟成長率只有 3.4％左右，但我們仍然不能忽視其未來的成長前景。非洲目前正在各個方面展現出無限的發展潛力。

世界著名管理學者兼華頓商學院教授馬洛・吉蘭（Mauro F. Guillen）斷言：「2030 年，我們將迎來比現在更大的變化浪潮，世界將變得與現在截然不同，尤其是經濟重心將轉移到非洲。」此外，經濟週刊《經濟學人》選出的成長速度最快的十個國家中，有六個國家為非洲國家。

在經濟快速成長的過程中，出口充分發揮了支撐經濟的作用。為了讓出口今後也能成為推動經濟持續成長的動力，我們必須開拓新市場、新的出口地區。這也是為什麼我們必須擴大進軍地球上最後一個未被開拓的市場：非洲。

雖然要認識非洲的真實面貌可能有些為時已晚，但我們應該拋去至今為止的偏見，開始著眼於未來。我們應該要重新認識非洲的戰略價值，並關注具有高度成長潛力的非洲新興國家。

對非洲產生的錯覺和陷阱：八大偏見

　　我在非洲工作時發現，外界對非洲抱持的印象和實際情況其實有所差異。我常常因為人們誤解非洲而大吃一驚。不過，老實說我在第一次被派去非洲前也有過錯誤的成見。像這樣，許多人仍對非洲抱持著偏見。

　　說到非洲，我們腦海中浮現的通常都是電視上播放的國際援助組織的募款廣告。實際上，並不是整個非洲大陸都像我們想的那麼原始。我們不能把非洲的城市都想像成在電視節目《動物王國》中看到的那樣，到處都是草原和動物。

　　我曾住過坦尚尼亞的經濟首都三蘭港，該城市中心有座英國殖民時期建設的高爾夫球場。據說那是英國殖民時期總督所建的。我韓國的朋友都會開玩笑地問高爾夫球場有沒有獅子之類的野生動物。他們說的沒有錯。雖然沒有獅子，但確實有猴子。所以有時候走在草坪上會遇到猴子，牠們偶爾還會在不知不覺中變成觀眾，為我們鼓掌。這就跟我們常常會在美國的高爾夫球場看到松鼠一樣。

　　以我們的標準來看，非洲資源匱乏，所以感覺生活起來很不方便，但非洲人並不認為落後等同於原始。許多非洲人為母國和非洲大陸感到自豪。雖然他們還習慣於接受外界的幫助，但成長速度排全球前列的城市正在逐漸增加，人口也非常年輕。人們對非洲的偏見（誤解）通常如下。

一、非洲很貧窮

目前仍有不少非洲國家成長率偏低、發展速度緩慢、都市化率並不高，所以大眾總是只注意到非洲國家人均 GDP 偏低，並且認為非洲這塊大陸都很貧窮。

但並不是所有的非洲人都很貧窮。市場調查公司貝恩策略顧問（Bain & Company）指出，非洲是一個由前 1% 的富人支配的市場，2014 年非洲有 12 萬名百萬富翁。如果去看衡量國家整體財富的 GDP，也會發現非洲各國並沒有想像中貧窮。根據國際貨幣組織（IMF）2023 年 10 月發布的世界經濟展望報告，奈及利亞的 GDP（國際匯率）預估約 3,900 億美元，排名全球第 39；南非共和國的 GDP（國際匯率）預估約 3,809 億美元，排名全球第 41。而世界銀行所公布的數據中，2022 年奈及利亞的 GDP（現價美元）預估約 4,726 億美元，南非共和國的 GDP（現價美元）預估約 4,052 億美元。

此外，非洲並不是所有地區都是未開發的沙漠或荒地。如果各位腦中浮現的是砂石路、灰塵、雜亂無章的鐵皮屋等平時透過大眾傳播媒體接觸到的非洲，那可就大錯特錯了。近幾年，成長速度排名前十的國家中，就包含了六個非洲國家。我們不難在非洲看到高樓、銀行、連鎖店。非洲的大城市就跟開發中國家的城市一樣繁華，有高樓大廈、高架橋、商店和奔走的行人，跨國連鎖餐廳在各大城市隨處可見。

二、非洲很炎熱

大部分的人都認為非洲是個酷熱的地方，這並不完全正確。非洲並不是所有地區都很炎熱，但是氣溫低於零度又會下雪的地方確實不多。東非和南非的氣候十分溫暖宜人。

位於東非、被赤道穿過的烏干達，大部分地區為高山區，所以沒有那麼熱，全年氣溫落在 21 ～ 24 度左右。位於非洲南端的南非共和國與位於東非的肯亞 5 月及 10 月的氣溫為 17 度。衣索比亞年均溫為 16 度。乾冷季（10 月至隔年 1 月）寒冷的時候，凌晨氣溫甚至會下降到接近零度。要是以為這裡的天氣如同盛夏，而只穿一條短褲來，那一定會被冷到。

當地人甚至會使用電熱毯。南非共和國雖然年均溫為 15 ～ 18 度，但到了冬天，同樣會變得很寒冷。非洲也有冬天，就算是氣溫最高時，仍然有不少人會穿長袖襯衫和大衣。當地人要是覺得天氣有點冷，還會穿上羽絨外套，並戴上毛帽和圍巾。

三、非洲很危險，治安也不好

非洲目前正在朝重視能力的社會發展，會依照法規與流程行政，這種透明性給想在非洲進行投資或援助的人帶來了信心。此外，並非所有非洲國家都治安不好、貪汙腐敗。

據國際組織公布的統計顯示，不少非洲國家比韓國得到了更好的評價。2020 年全球和平指數（Global Peace Index，

GPI）顯示，韓國的和平指數為 1.829（排名 48），塞內加爾則為 1.824（排名 47）、獅子山為 1.820（排名 46）、尚比亞為 1.794（排名 44）、迦納為 1.776（排名 43）、波札那為 1.693（排名 33）、模里西斯為 1.544（排名 23），非洲有六個國家的和平指數比韓國高。[4]

佛瑞塞研究所（Fraser Institute）公布的 2021 全球經濟自由度指數（EFW index）顯示，波札那排名 45、贏過韓國（排名 47），烏干達排名 58、盧安達排名 64。[5]而國際透明組織（Transparency International）公布的 2020 清廉印象指數（Corruption Perception Index）評估結果則顯示，韓國排名 33，波札那排名 35、盧安達排名 49。[6]

四、非洲的物價非常低

偶爾有人會說，非洲的香蕉不到一元，物價低到不行。其實我以前也是這麼想的。我在準備赴非洲任職時，還發下豪語安慰將一起前往非洲的家人說「到了非洲會幫大家在泡麵裡加龍蝦」。然而，要實現承諾可沒那麼容易。麵粉這類與當地居民主食相關的物價是非常低沒有錯，但是由於物流倉儲設施不完善，當地生產的農產品並未以低價販售。

4　編注：台灣為 1.707（排名 37）。
5　編注：台灣排名 17。
6　編注：台灣排名 28。

另外，非洲的平價飯店並不多。豪華飯店的價格雖然沒有最先進國家高，卻還是會讓人有負擔，要找到房價約 100 美元、適合商務人士住的平價商務旅館並不容易。主要旅遊景點的門票也不便宜。因為經歷過社會主義，外國觀光客支付的費用經常與當地居民不一樣。由於大部分的觀光客是歐洲人，考量到歐洲人的收入而制定的價格已反映在物價上。

工業產品也一樣。當地製造業並不發達，有的產品本國並沒有製造，就算有，也會因為品質過於粗劣而難以使用，因此往往會全面依賴進口。如果考慮到這些費用，我們很難說非洲物價都很低。

五、非洲很髒亂

我住坦尚尼亞時，有一點讓我很驚訝，那就是城市相對乾淨。我之前赴任過的巴基斯坦根本就不能與之相比，而且其乾淨程度與美國、中國相比也毫不遜色。當然，這也有可能僅限於市中心和外國人居住區。

「非洲到處都是蚊蟲」這句話半對半錯，非洲並沒有我們想像的髒亂，蟲子也沒那麼多。為了保護環境，坦尚尼亞從 2019 年 7 月開始就已經禁用塑膠袋了。現在坦尚尼亞的所有超市都沒有提供塑膠袋，消費者必須花錢購買不織布袋。非洲各國政府正在努力保護環境。

六、網路和行動支付落後

儘管韓國以科技強國自豪，但直到最近幾年，行動銀行服務才終於被使用者廣泛使用。此外，行動銀行服務比利用電腦提供的網路銀行服務晚了好幾年才普及。而且這裡指的使用者也僅限於熟悉科技的世代。但在位於東非的肯亞和坦尚尼亞，就連駝背的老奶奶也都會很熟練地用手機轉帳和收款。據說在那裡，就算有人不知道要怎麼用手機傳簡訊，也沒有人不知道要怎麼用 M-PESA 行動支付服務。就算是住在綠色稀樹草原、以土屋為家的馬賽人也習慣使用行動支付服務。這是我們未曾想像過的非洲面貌。

由於銀行和 ATM 不多，要在非洲進行金融交易並不容易。為了消除這種不便，非洲引進了行動支付系統。這也可以說是反映了非洲人不喜歡把大量現金帶在身上的特點。

七、非洲太過遙遠

從韓國仁川國際機場飛往位於美國西岸的洛杉磯，需要 11 小時 40 分鐘；飛往「東非之門戶」衣索比亞的阿迪斯阿貝巴寶萊國際機場需要 12 小時 40 分鐘，只差一個小時。韓國與非洲的距離並沒有我們想像的遙遠。韓國企業想像中的韓國與非洲的距離，其實比實際距離遠得多。很多人會覺得從韓國出發到非洲，就跟從韓國出發去位於地球另一端的中南美洲一樣。但那只是我們的感覺而已，非洲其實並沒有離

我們那麼遙遠。[7]

八、非洲沒有古代文化

據說，當歐洲人抵達非洲時，以為自己發現了一塊沒有歷史的黑暗大陸，所以他們替非洲國家取了國名。舉例來說，迦納在 1957 年前被稱為黃金海岸；馬利在 1960 年前被稱為法屬蘇丹，當時為法屬殖民地；辛巴威則在 1980 年前被稱為羅德西亞。直到二十世紀獨立後，這些國家才找回了自己的國名。

歐洲人認為非洲是黑暗大陸的想法很有可能與事實不符。有主張稱，雖然非洲文明過去不斷地獨立發展，但卻在十五世紀時因歐洲人而中斷。

辛巴威王國將領土擴張到莫三比克、東非海岸時，發展出了史瓦希利文化。在班圖人紹納族所使用的語言中，「辛巴威」意為「王宮」。辛巴威的紹納族出口了黃金和銅，並在東部港口城市進口了中國的棉花和陶瓷。1100 年左右，紹納族建築師開始用巨大石牆建起了宮廷，其建築技術成熟到能與古埃及金字塔相提並論。其中，最大的宮廷被紹納族當成了禮拜場所。紹納族建造了多個獨立的貿易城市，像是基爾瓦基斯瓦尼、蒙巴薩等沿海城市。

7　編注：從桃園國際機場飛往阿迪斯阿貝巴機場（含轉機）最快約為 13 小時 55 分鐘。

除此之外，西非曾有過貝南的達荷美王國、迦納的阿散蒂帝國、奈及利亞的扎造王國，南非則曾有過馬達加斯加的伊默里納王國。

04

非洲並不貧窮

跳躍式經濟發展和創新，營商環境得到改善

　　已開發國家所說的跳躍式發展和創新，在非洲是大勢所趨。值得注意的是，儘管非洲存在不確定性，但有許多國家與已開發國家的差距正在縮小。

　　有別於已開發國家和亞洲國家，大部分的非洲國家並未經歷過工業化，就直接跳到了當前階段。因此，這些國家正在試著跳過產業發展的中間階段，利用技術實現「跳躍式」發展。這是為了透過跳躍式經濟發展克服基礎設施不足的問題。但也因為非洲缺乏基礎設施，與基礎設施完善的已開發國家相比，非洲有比較好的條件能跳過原本會經歷的階段，實現跳躍式發展。

　　非洲的通訊就從 2G 發展成 4G 或 5G，直接跳過有線電話，進入了行動時代。十年前，肯亞就是在行動支付領域領先的國家，現在肯亞總人口的四分之三都在使用行動支付服務。另外，美國有矽谷，而在肯亞，人們稱奈洛比這個城市

為「草原矽谷」（Silicon Savannah）。

　　非洲正在積極接受新技術，實現跳過中間階段的跳躍式發展，而這正在引領非洲經濟「創新」。例如，盧安達由於缺乏交通基礎設施而難以配送醫藥品，當地政府決定與美國初創企業攜手合作，其用來運送血液的無人機甚至在2018年被《時代》雜誌評選為最佳發明。這是無人機配送服務首次在全球被商業化。

　　資通訊技術（ICT）領域也是近幾年成長幅度最大、在非洲最受矚目的領域。非洲各國正在第四次工業革命技術領域加大政策支援、預算和投資，並探索創新的方法來跳過第二次、第三次工業革命，直接開展第四次工業革命。

　　資通訊技術的創新在非洲的主要產業農業表現得尤為突出。總公司設於奈及利亞的 Zenvus 公司正在基於數據，提供農戶能確認農作物狀態的相關資訊，並幫助農戶收集土壤數據，以追蹤灌溉和肥料狀態，Zenvus 公司也正在推動這種智慧型解決方案的商業化。尚比亞則是開發了一款會利用 AI 技術提供農作物疾病和各地天氣資訊的 App，這個 App 會利用 AI 辨識果實的狀態、確認農作物有無疾病，並提供天氣資訊。烏干達的咖啡生產商則在咖啡物流系統中引進了區塊鏈，只要掃 QR Code，就能確認咖啡豆從生產到運輸的所有紀錄，為消費者提供透明的數據。

　　全球市場已經看出了這一點，創投公司對非洲的關注度

正在提高。2014 年，非洲的外國直接投資額（Foreign Direct Investment，FDI）以 416 億美元，超過了海外援助額 406 億美元。

　　非洲國家的整體營商環境也正在得到改善。世界銀行的數據顯示，在 54 個非洲國家中，有 45 個國家的營商環境正在得到改善。非洲主要國家正在以政治穩定為基礎，透過改善宏觀經濟政策（物價穩定、GDP 成長），積極融入全球經濟。

非洲「鑑價」高，必須認可非洲的潛力

　　鑑價是由專家進行調查與評估後認定的價格，除了考慮財產當前的狀況，也會將未來的稀少性和潛力納入評估。出價則是買家願意付出的價格。鑑價與出價有時並不一致。非洲就屬於出價遠不及鑑價的狀況。這是因為買家在決定價格時未正確理解非洲的價值，並且帶有偏見或只考慮當前狀況。也就是說，對於非洲的潛力，一般人與專家認可的價值有所差異。

　　非洲有潛力這點無庸置疑。會強調非洲的潛力，是為了避免在營商時過於關注非洲當前的現實情況。當前的現實情況固然重要，但我們應該要盡可能預測不久後的未來，並在考慮到潛力的情況下投資未來。如果只想著現在的非洲有多

貧窮，那營商可以說已經失敗了一半。

非洲資源豐富這早已是人盡皆知的事。但會在非洲爭奪主導權，最主要的原因在於非洲是資源寶庫。在獲取非洲資源方面，戰略重要性正在上升。韓國近幾年尤為重視車用尿素溶液等商品的供應鏈多元化，而非洲是解決方案之一。

非洲很有可能成為取代中國和東南亞的生產基地，並成為巨大的消費市場。雖然非洲因為內戰和衝突頻發而讓人覺得它沒有希望，但它其實是經濟成長速度最快的一個地區。根據 2018 年 CNN 的一篇報導，全球成長速度最快的五個國家為衣索比亞（近十年平均值：10％）、盧安達（2018 年預期值：7.2％）、塞內加爾（2017 年：7.0％）、坦尚尼亞（2018 年：6.8％）以及迦納（2017 年：6.4％）。2018 年，衣索比亞經濟成長率達到了 8.2％，成長速度排名全球第二，僅次於迦納（8.3％）。若看整個非洲大陸，象牙海岸、吉布地、塞內加爾、坦尚尼亞都實現了約 7％ 的高經濟成長率。高經濟成長率不僅會造就有購買力的中產階級，還會促進都市化發展。此外，撒哈拉以南非洲的消費品市場也創下了超過 10％ 的年均增長率。

非洲國家也正在努力使本國產業多元化。非洲雖然擁有豐富的資源，但相關製造業的發展速度依舊緩慢。自然資源是過去推動非洲市場發展的主要動力。但為了提高自然資源的附加價值，非洲政府近幾年正在扶植製造業，並強調必須

創造工作機會、實現工業化。援助機構也紛紛表示，今後將提供「技術援助」以支援非洲國家的工業化發展，而不再只是提供「單純的援助」。非洲的產業原本以第一級產業為主，但隨著其產業朝製造業、服務業、資通訊技術開發、農業現代化等多個領域多元發展，製造業也出現了變化。

此外，隨著貿易規模擴大，過去以歐洲、美國、中國為中心的貿易結構正在變得多元化。非洲與巴西、印度、中東國家的貿易額占比從三十年前的 1％擴大到了 20％以上，而貿易夥伴也正在擴大到日本、印度、沙烏地阿拉伯等國家。

2021 年，非洲大陸自由貿易區開始運作。該貿易區為全球規模最大、由 54 個非洲聯盟成員國簽署協議，其目標是創建涵蓋約 13 億人口、GDP 約 3.4 兆美元的單一大陸市場。非洲國家之間的區域經濟整合有望加速，吸引的外資規模也有望進一步擴大。

這也就是為什麼企業和政府必須制定進軍非洲的戰略。為此，與具有高度成長潛力的非洲新興國家共同建設基礎設施極為重要。

非洲資源豐富，究竟是祝福還是詛咒？

說到非洲，我們首先會想到自然資源。非洲就是擁有如此多的自然資源。這也就是為什麼我們會說非洲本身並不貧

窮。

　　非洲大陸不僅面積大，歷史也相當悠久。據說非洲97％的土地有三億多年的歷史。因為歷經漫長歲月，非洲大陸地質結構堅硬，不常發生火山活動、地震和海嘯，並蘊藏著大量的礦產資源。

　　非洲蘊藏原油、天然氣、錳、鉑、鑽石等多種礦產。其石油儲量占全球的10％，天然氣占8％，鉑、鈾等全球主要礦產資源占30％以上。

　　此外，全球46％的鉻、48％的鑽石和鉑、29％的黃金也產自非洲。非洲還擁有豐富的天然氣資源，莫三比克近海就正在開發天然氣田。由於還有各種資源尚未被探勘，開發潛力巨大。

　　非洲的各種資源為製造商提供了能夠降低生產單價的機會。但資源是一把雙刃劍，它既能帶來「機會」，也能帶來「威脅」。如果能有效利用豐富的資源，那將非常有利於經濟成長。這就是所謂的「資源祝福」（Resource Blessing）。但是，如果國家未能有效分配資源和累積的財富，而且未能促使相關產業發展的話，那資源的附加價值當然就會非常地有限。

　　非洲雖然能以自然資源為基礎帶動經濟成長，但如果相關產業無法共同發展，產業競爭力就會下滑，經濟成長就會面臨顯著的侷限性。也就是說，資源越豐富，反而可能會導

致經濟成長速度放緩、國民的生活品質和民主化程度下降。這就是所謂的「資源詛咒」（Resource Curse）。

世界上第二大、最古老的大陸，令人驚嘆的自然環境

　　非洲比我們想像的遼闊許多。它是世界第二大洲，總面積相當於美國、中國、印度、日本、西班牙、法國、德國、義大利、英國、東歐面積的總和。如果比較各個洲，非洲總面積為約 3,037 萬平方公里，約為美國（包含阿拉斯加與夏威夷在內）總面積的三倍，也是歐洲的三倍左右，只有亞洲（約 4,457 萬平方公里）比非洲大。

　　非洲最南端的好望角與北部的開羅相距約 8,000 公里，西部的達喀爾與東部的非洲之角（Horn of Africa）相距約 7,000 公里。如果看主要城市之間的距離，位於南方的開普敦與位於北非摩洛哥的卡薩布蘭卡相距約 12,000 公里。

　　剛果民主共和國的面積約為印度的零點七倍。東非的主要城市阿迪斯阿貝巴、奈洛比、三蘭港和西非的阿必尚、阿克拉有三個小時的時差。從北部開羅飛往南部約翰尼斯堡需要八個小時。

　　據說，非洲之所以會看起來比實際面積小，是因為繪製地圖時使用了麥卡托投影法。這項繪製技術的特性是離赤道

越遠，面積看起來越大。這也就是為什麼美國、俄羅斯和大部分的歐洲國家看起來比實際面積大，而橫跨赤道的非洲大陸看起來比較小。就連我們認為通用、客觀的地圖也都扭曲了非洲，對其「抱持偏見」。

非洲土地廣闊，國家數量眾多。非洲大陸共有 54 個國家。撒哈拉以南非洲堪稱「真正的非洲」，共有 48 個國家。非洲不僅國家數量多，氣候和地形也很多樣，高原上的城市適合人類居住。

非洲是地球上最古老的大陸之一，是人類的故鄉。它說不定是人類居住時間最長的一片大陸。學術界將東非地區視為現代人類的發源地。非洲是發現早期智人和類人猿化石的地區。

第一批現代人類「智人」大約在二十萬年前現身於東非地區的草原地帶。他們在食物豐富的草原上採集、打獵，並與肉食動物展開了競爭，有時候會變成肉食動物的獵物。人類擁有智慧和雙手，不僅會使用語言和工具，還會成群結隊打獵。這種卓越的技術使人口得以增加，人類從東非草原擴散到了非洲各地。

儘管如此，非洲卻比較晚才出現在人類文明的歷史中。隨著西方列強於十八至十九世紀建立殖民地，非洲正式在世界歷史的舞台登場。如果考慮到非洲僅次於亞洲，是全世界面積第二大、人口第二多的洲，非洲被納入世界史的時間點

其實非常晚。

　　非洲擁有獨特的野生動物和自然奇觀。中非有茂密的赤道熱帶雨林；南非和東非是地球自然生態系的寶庫，棲息著許多野生動物。維多利亞瀑布橫跨尚比亞和辛巴威國境，坦尚尼亞的塞倫蓋提國家公園等地區有紅土。吉力馬札羅山山頂、南非共和國的龍山山脈、賴索托的馬洛蒂山能看到雪。非洲具備了能以其獨有的價值帶動旅遊產業的條件。

　　如果考慮到共存於非洲的機會與風險、非洲的資源、面積、未來的成長潛力，非洲絕不貧窮。

　　「非洲樂觀主義」（Afro-Optimism）指的是對非洲前景持樂觀態度，而最能代表非洲樂觀主義的群體就是穩固的消費層。作為擁有 14 億人口的消費市場，非洲有望成為推動未來成長的動力。自然資源是加分要素。非洲是一個相當於中國、印度的消費市場，也是一個基於豐富的資源開始加速發展的新市場。國際社會的資本已經紛紛湧入非洲。這也就是為什麼我們必須認可非洲。

　　但非洲仍然存在著風險因素。2000 年，《經濟學人》不僅將非洲描述為「沒有希望的大陸」，還指出非洲具有政治不安、投資風險高、海盜出沒等安全風險，背負著疾病、貧困、戰爭、4D[8] 等負面形象。

8　編注：辛苦（Difficult）、骯髒（Dirty）、危險（Dangerous）、遙遠（Distant）。

　　在西方列強的殖民統治和奴隸貿易等剝削下，非洲成了犧牲者。進入現代後則因為內戰、種族清洗等暴力事件和乾旱、貧困、飢荒，而往往以缺點為中心被描述得很黑暗。

05
為什麼會很貧窮？

自然資源悖論

如我前面所提，非洲是人類歷史上起步最早的一個地方，被稱為人類的故鄉。但現在的非洲卻總會讓人聯想到貧窮、最低度開發、政治不穩定。這是為什麼呢？

首先，是因為非洲引以為傲的自然資源帶來了悖論。資源可能會變成阻礙發展的絆腳石，也就是所謂的「資源詛咒」。這裡有許多原因。其中一個原因就是透過出口資源獲得的財富被部分階層壟斷、未公平分配。由於未將自然資源善用於經濟發展，國家的政治和經濟體系受到了影響。

非洲各國的獨裁者正在不斷利用豐富的資源，與既得利益者進行腐敗的交易，並鞏固自身的權力。美國《外交事務》（Foreign Affairs）雜誌指出，「民主主義與石油就如同油與水，無法混合」，並主張「龐大資源最終將阻礙非洲民主主義的發展」。

非洲資源豐富，因此成了被強國和跨國企業肆意壓榨的

對象。搶占資源的外國企業除了開採之外，未對非洲進行任何投資，而且這些企業只需要支付利潤中的一定金額給生產國。在這樣的情況下，技術的轉移和發展速度當然就比較緩慢。政府也只顧著收取既定的利益，而不注重長期扶植其他展業。由於大部分的國家生產依賴地下資源[9]，非洲國家將生產力集中在礦業上，服務業和製造業等相關產業的發展速度因此較為緩慢。

受此影響，能加工資源的製造業並不發達。非洲的製造業約占非洲 GDP 總額的 10％，遠少於其他開發中國家。非洲主要出口自然資源，進口加工產品。也就是說，由於能創造附加價值的製造業基礎脆弱，非洲正在進行賠本生意。迦納等西非國家會出口巧克力的主要原料可可豆，然後再進口巧克力成品。此外，據說非洲產油國會出口原油，然後再以美元計價的價格進口經過提煉的石油。

撒哈拉沙漠

位於非洲北部的撒哈拉沙漠是世界上最大的沙漠。「撒哈拉沙漠」中的「撒哈拉」一詞源自阿拉伯語的「Sahra」（不毛之地）。撒哈拉沙漠的面積為約 920 萬平方公里（美國陸

9　編注：埋藏於地表之下的各種自然資源。

地總面積為 914 萬平方公里），北接地中海，西鄰大西洋，東抵紅海。東西寬約 4,800 公里，南北長約 1,800 公里。

　　廣袤的撒哈拉沙漠使非洲成了一座島嶼。非洲大陸相當遼闊，但撒哈拉沙漠隔絕了南北非的往來。這使非洲大陸變得像一座四面環海的島嶼，大大阻礙了非洲接受歐洲或中東的文物。

　　時至今日，撒哈拉沙漠以北和以南都還是有很大的差異。非洲北部的收入比南部高許多，且以白人為主、多信伊斯蘭教。非洲中南部則以黑人為主，並有多種民族、語言、宗教和文化。我們甚至可以將撒哈拉以北非洲和非洲視為完全不同的地區。撒哈拉以南非洲才是真正的非洲。

　　此外，非洲主要由沙漠、叢林和稀樹草原組成。北部為沙漠、中部為叢林、南部為沙漠和稀樹草原，部落之間的交流受到重重阻礙。位於河流中間的瀑布妨礙了內陸之間的連結。要人類住在東非大裂谷對面的熱帶雨林，可以說危險重重。由於赤道橫穿中部，因此有許多炎熱的地區。地方性流行病也不容小覷。非洲各地到現在都還是有瘧疾、伊波拉等致死率高、人類還未能戰勝的疾病。

　　非洲的這種自然環境成了阻礙人員交流的絆腳石。它阻礙了思想和技術的交流，進而阻礙了大型城邦的建設，並阻礙了巨大文明和單一國家的形成。這導致非洲不易取得工業化的必然結果：規模經濟。或許是因為自然環境和奴隸貿易

造成的犧牲，非洲人口目前大約只占全球人口的17%。

　　由於自然環境惡劣、人員難以交流，非洲以小規模部族國家為單位，發展出了各種文化。非洲有五個語系和各種只有少數民族使用的固有語言，種族也非常多樣。北非有阿拉伯裔，中非和南非有黑人，南非有從歐洲流入的白人，馬達加斯加有亞裔，東非則有印度裔。

　　到國外出差的商務人士如果有時間，都會想去市場看看各種商品或去參觀博物館。但在非洲，連要找到一個像樣的博物館都有困難。當然，主要原因可能是非洲比較貧窮，但另一方面，也有可能是因為過去沒有專制的古代王國。如果有鞏固的王權，像是中國的秦始皇或印度的蒙兀兒帝國，那應該就會有相關文化遺產，非洲也應該就會展現出與如今截然不同的面貌。

援助的光和影

　　有主張稱，非洲之所以會貧窮，與世界各國提供的有償和無償援助有一定程度的關係。非洲內部也有人主張，非洲應該要基於市場經濟原理發展經濟，而不是依賴開發援助或貸款。這些主張認為援助活動對非洲的經濟發展並沒有太大的幫助。會這麼主張其實並不意外，因為開發援助資金不僅被挪用於龐大官僚主義的財政，還助長了腐敗和政客自視甚

高的心理。此外，開發援助很多時候只提升了非洲對其他國家的依賴度，而不是為非洲人奠定能自發性成長的基礎。也就是說，開發援助使非洲國家變得只會去等其他國家提供援助。更重要的是，這正在削弱非洲迫切需要的區域性市場和企業家精神。

在擺脫西方列強的殖民統治後，大部分的非洲國家高度依賴歐洲、美國等已開發國家的有償和無償援助。不過，若只從人道主義觀點看有償和無償援助，那可就太天真了。援助大多出於政治目的。1991 年蘇聯解體後，美國和歐洲國家大幅削減了近乎無償的對非援助。冷戰時期，為了拉攏盟國，歐美需要非洲國家的協助，但蘇聯解體後這個必要性就減少了。由此可見，援助具有相當強的政治目的。

由於援助動機出於政治目的，執行起來當然很有可能不符合受援國的實際需求。比起反映非洲的現況，能為本國產業或政治帶來什麼樣的利益，才是歐美國家的重點關心事項。因此，已開發國家的有償和無償援助金有時候會被用來助推本國的產業或政權，而不是用於開發非洲大陸。這是因為援助國關注的是「授人以魚」，而不是「授人以漁」。

政治腐敗也是一大原因。比起國民更重視部落、被殖民統治後有過度依賴外國勢力的傾向、不斷發生政變等非民主主義事件，都阻礙了非洲國家形成能促其成為已開發國家的民主社會。新政府總會在推翻獨裁政權、發起政變後試圖長

期執政，而這又會引發另一場政變，非洲國家正在經歷這種周而復始的循環。這其實是西方列強任意劃分國界造成的後遺症。一個國家裡有各種不同的宗教和語言成了非洲內戰不斷的原因之一。此外，西方列強和企業偏好獨裁政權，因為他們要應付的顧客非常明確。

還有，公務員腐敗也是其中一個原因。這些貪官從殖民統治時期就開始習慣規避責任、怠忽職守、索要賄賂，以各種形式在各個領域從事腐敗行為。雖然這與不穩定的政治體系有密切的關係，但其同時也是結構性體制的問題。

有一個例子就暴露了有償和無償援助的黑暗面。一天，一名最低度開發國家的公務員被邀請到了一名較富裕的發展中國家公務員的家裡。發展中國家公務員的家非常寬敞華麗。最低度開發國家公務員問道：「您是怎麼靠公務員的薪水住這麼好的房子呢？」發展中國家公務員猶豫了一會兒，隨後指著窗外的一座橋梁道：「我在建那座橋時，把一部分的資金拿來蓋了我的房子。」幾年後，最低度開發國家公務員邀請發展中國家公務員來到了自己非洲的家裡。沒想到最低度開發國家公務員的房子比發展中國家公務員的華麗。發展中國家公務員大吃一驚，問最低度開發國家公務員：「這麼好的房子是怎麼來的呢？」最低度開發國家公務員指著窗外，得意洋洋地回道：「那裡本來要建一座橋的，但我把那筆錢拿來蓋我自己的房子了。」

　　雖然這種事情不應該真的發生，但這說明了非洲政府的清廉度低、腐敗程度嚴重。當地的有償和無償支援事業相關人士曾不滿地表示，非洲國家變得太過習慣於已開發國家提供的各種有償和無償援助。援助國可能已經受夠了必須從頭幫到尾。先不論權力不對等關係，這也是在指責過於高壓又流於形式的非洲國家公務員被動的態度。據說，這些公務員不但不專業、行政處理速度慢，還會動不動就要求支付交通費並暗中索求各種賄賂。連投入外資的事業都這麼腐敗，以本國政府資金推動的事業根本讓人不敢恭維。只能期待這種情況以後能得到改善。

　　還有一個例子。那就是有償和無償援助與實際需求有相當大的差距。非洲有許多瘧疾這類蚊子傳染的地方性流行病，因此會收到各種救援物資，蚊帳就是其中之一。但據說，非洲居民其實常常會在海邊或河邊捕魚時把蚊帳當漁網，或把蚊帳用作婚禮面紗，甚至是掛在樹上當吊床網。這是因為對非洲人來說生活更重要。像這樣，有時候援助國提供的物資會被用在不同於原本目的的其他用途。這也就是為什麼要在受援國的立場思考當地人到底需要什麼，而不是從援助國的觀點出發。否則受援國很有可能會將救援物資用於非援助國所想的用途。

奴隸貿易的受害者

　　非洲是奴隸制度最大的受害者。被阿拉伯商人和歐洲商人販賣的非洲奴隸成了維持社會的勞動力根基，並為經濟發展做出了貢獻，這是不容忽視的事實。

　　自八世紀後的一千多年裡，非洲成了其他大陸的奴隸狩獵場。一開始，阿拉伯商人先向中東、北非、阿拉伯販賣了黑人奴隸。這些奴隸被賣到了西南亞、印度、東南亞。之後歐洲的奴隸商人接管了奴隸生意。雖然非洲當地也有奴隸制度，但奴隸只是在戰爭中勝利的部落的戰利品，其性質與其他大陸進行的奴隸貿易完全不同。

　　非洲與歐洲的接觸並沒有為非洲開啟新的歷史篇章，而是宣告了非洲文明的結束。自十六世紀起非洲盛行了三百年的奴隸貿易，不但沒有成為非洲經濟發展的動力，反而導致非洲勞動力急劇減少。1492 年哥倫布發現新大陸，對非洲人來說幾乎是一場災難。巴西吸收了將近一半的黑人奴隸，將他們充當成了勞動力。除了澳洲以外的南半球地區會變成黑人的家園，就是因為各國展開了跨大西洋奴隸貿易。人類歷史上大規模的強制移民就此揭開序幕。

　　阿拉伯商人和歐洲商人因為瘧疾、黃熱病等可怕的地方性流行病、傳染病而未深入非洲內陸，大多留在了安全的非洲沿岸。而原本就已經與這些商人進行交易的非洲部落首領

則會侵略內陸部落，將俘虜的黑人賣給阿拉伯商人和歐洲商人。也就是說，俘獲奴隸並將其賣給阿拉伯商人和歐洲商人的人正是非洲原住民。

阿拉伯是非洲奴隸貿易的鼻祖。雖然歐洲人主張非洲奴隸貿易始於 1441 年，也就是葡萄牙探索西非沿岸的那一年，但阿拉伯的奴隸貿易其實早已相當活躍。伊斯蘭教法禁止穆斯林奴役其他穆斯林，因此阿拉伯人找上了信奉其他宗教的奴隸。歐洲的基督徒、俄羅斯和東歐的斯拉夫人、歐亞大陸的突厥人都是他們的獵物。

阿拉伯人將奴隸帶到了位於撒哈拉沙漠的北非、阿拉伯、印度等地。據說至 1450 年，被帶走的黑人奴隸約達 700 萬人，奴隸市場每週都會在北非的突尼西亞、的黎波里等地開市。

現在，由於阿拉伯和非洲地理位置相鄰、皆具反西方意識形態、信奉伊斯蘭教等各種原因，阿拉伯曾在非洲進行奴隸貿易的問題才沒有被凸顯出來，但這確實是兩地區之間無法掩蓋、不可抹滅的悲劇性歷史事實。利比亞前最高領導人格達費（Muammar Gaddafi）就曾在 2010 年為奴隸貿易道歉。

伊斯蘭活躍於印度洋，歐洲人則在大西洋開闢了非洲奴隸貿易的主要航線。進入 1400 年代後，葡萄牙開闢新航線，全面展開了橫跨大西洋的奴隸貿易。此後，英國、法國、荷蘭等多個歐洲國家依次在非洲建立殖民地並進行奴隸貿易。

　　十五至十六世紀，歐洲人開始積極參與奴隸貿易。十五世紀，以葡萄牙為首，大規模的非洲黑奴貿易就此展開。據說十六世紀起至十九世紀初，歐洲人購買或俘虜的西非黑奴高達 1,200 萬名。

　　十六世紀後，歐洲經濟在美洲和非洲的犧牲下取得了顯著發展。十六世紀，歐洲國家從拉丁美洲掠奪了銀，十七至十八世紀則透過由黑奴、砂糖組成的三角貿易賺取了巨額利潤。英國等許多歐洲國家的工業革命能夠成功，其實是建立在無數名非洲黑人的眼淚和犧牲之上。

　　歐洲商人「狩獵」了數千萬名黑人，將他們販為奴隸、換取商品。黑奴被賣到了美洲大陸、南美洲和歐洲。可可豆、咖啡、甘蔗和菸草為當時的主要交易商品。歐洲商人把這些商品賣到了歐洲各地。以奴隸交換的不僅僅是商品，還有槍枝、酒精和香菸。

　　非洲的奴隸貿易為非洲、美洲和歐洲組成的三角貿易的一部分。歐洲人從非洲購買奴隸後，供應給自己的殖民地美洲大陸充當種植園勞工。他們向非洲人支付各種火器、毛織品、玻璃珠、飾品、酒等非生產性物品，換取了奴隸，接著將奴役非洲奴隸後獲得的香料、黃金、砂糖、香菸送回了歐洲，歐洲就此變得富裕。

　　跨大西洋奴隸貿易持續到了十九世紀。1838 年，英國廢除了奴隸制度，美國則在 1865 年爆發南北戰爭時正式廢除。

歐洲人主要在西非的幾內亞灣進行了奴隸貿易，因此幾內亞灣一帶的海岸被命名為奴隸海岸、黃金海岸、穀物海岸、象牙海岸。西非黑奴橫跨大西洋，被賣到了歐洲，十七世紀後擴展到了美洲大陸。非洲沿海城市成了奴隸貿易的中心。

在利用奴隸進行的三角貿易中，英國是最大受益國。英國在十八世紀後成了大西洋的主人。十八世紀，奴隸貿易達到頂峰時，英國從西班牙手中奪走了奴隸貿易權，並開始壟斷奴隸貿易。奴隸貿易獲利甚多，因此擴大成了國家事業。就算說棉紡織業是透過三角貿易賺得的錢取得發展，進而引領了英國工業革命也不為過。英國人在北美洲種植了菸草、甘蔗和糖，但這需要大量的勞動力，而原住民和從英國送來的勞工根本不足以充當人力，為了解決這個問題，他們在非洲的西南海岸獵取了黑人。

大西洋奴隸貿易削減了非洲的勞動力。在此期間，儘管歐洲與北美洲人口出現爆炸性增長，但是非洲的人口增長直到西元 1850 年前都呈現停滯狀態，使得非洲的生產力迅速下降。

最後，非洲不僅進口了非生產性物品，還失去了大量的人力資源。當其他國家透過工業革命發展經濟時，非洲卻維持了一個不具生產性的體系。非洲可以說被世界貿易體系絆住了好幾百年。

06

搶占非洲的會是誰？新一輪非洲爭奪戰

中國和美國，會是哪一國搶先？

　　非洲在政治和經濟方面再次受到關注，正在變成一個充滿吸引力與商機的大陸。

　　就如同十九世紀歐洲列強橫掃非洲，當前世界各國對非洲的關注度正在提升。眾多國家正在展開新一輪非洲爭奪戰。與過去不同的是，以前加入戰局的只有歐洲國家，現在則多了美國、中國、日本和印度。

　　非洲國家擺脫殖民統治獨立後，最積極示好的國家是中國。1950 年代，中國經濟形勢嚴峻，但中國從那時起就開始持續向非洲提供了援助。中國近幾年則將一帶一路政策範圍擴大到了非洲，可以說正在準備搶占非洲市場。中國領導層不僅會優先訪問非洲，還會定期舉辦國際合作高峰論壇。中國外交部長自 1991 年以來連續三十年首訪非洲，可見中國為非洲下了極大的功夫。中國不僅邀請非洲青年到中國留學，還正在全方位與非洲國家建立緊密的網路。

　　中國國營企業的主要目的是獲取資源開發權。中國經常會進行「一攬子交易」（Package Deal），透過大規模貸款幫其他國家建設國家基礎設施或大型基礎設施，並直接獲取資源。民營企業則主要進軍非洲當前正在積極進行基礎設施建設的建設領域，並將價格競爭力作為武器，蠶食非洲市場。

　　非洲各地都有中國展開近乎無償的債務外交的痕跡。吉布地是一個位於非洲東北部、只有 100 萬人口的小國家，是非洲大陸最大的美軍軍事據點，也是用來牽制非洲和中東國家的地區。但由於中國大量放貸，吉布地的債務比率從 2014 至 2016 年的 50％飆升到了 85％。如果吉布地無法償還貸款，而將美軍基地駐紮的港口移交給中國，以此作為代價，那美國在非洲和中東的力量就會嚴重受到威脅。

　　美國曾在歐巴馬政府時期提到非洲是其根源。雖然美國大幅增加了援助預算，但也強調作為援助條件，非洲國家必須推行民主主義和潔淨經濟。有別於中國的互不干涉內政原則，美國要求作為援助條件，非洲國家必須推行民主化。此後，川普總統提出「美國優先政策」，對國際合作採取了消極的態度、聚焦於國內問題，不像中國和印度對非洲表現出很大的興趣。或許是因為這樣，川普政府執政時期美國和非洲的貿易規模整體下降。

　　現在的拜登政府似乎繼承了歐巴馬政府的政策。其宣布將重啟川普政府時期中斷的援助、擴大氣候變化合作，在多

個領域恢復與其他國家的合作。此外，拜登政府將持續推動從歐巴馬政府執政時期就開始推行的非洲青年領袖倡議，以非洲青年為對象的獎學金和研修事業方面的交流有望變得更活躍。

　　美國在很多領域都與中國針鋒相對。美國目前在非洲也同樣牽制著迅速擴大的中國勢力。在政治和軍事方面更是如此。其正在致力於建設與非洲經濟、外交、安全相結合的基礎設施。美國正在從經濟和政治安全層面施力，像是持續擴大開發援助和貿易合作，以及在非洲設立美軍司令部。

　　為了應對中國的一帶一路（海上和陸上絲綢之路）倡議，美國政府宣布將正式啟動基礎設施金融計畫：「重建更好世界」（Build Back Better World，B3W）。這是一項發展中國家基礎設施投資計畫，主要內容為籌措資金、重視氣候變化、支援女性企業家等社會弱勢群體。2021 年，拜登政府為了牽制中國而向 G7 提出了這項政策。其目的在於應對中國政府為行使影響力，籌措資金給中亞、歐洲和非洲，將其作為一帶一路政策的一環。

　　至今為止圍繞非洲展開的中美博弈似乎是中國大獲全勝。中國在非洲貿易所占的比重已經於 2009 年超越了美國，2020 年則達到了 25.6%，對美國（5.6%）有壓倒性的優勢。此外，根據世界銀行的統計，直至 2020 年，中國對非洲直接投資存量達到了 474 億美元，與美國（475 億美元）沒有

太大的差異。今後中國對非洲直接投資存量估計也會超越美國，躍居第一。

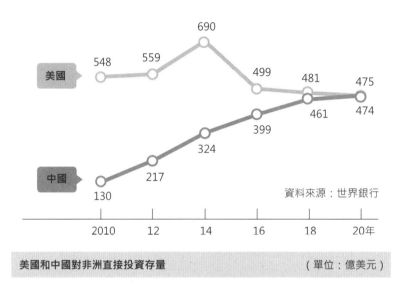

美國和中國對非洲直接投資存量　　　　　　　　　　（單位：億美元）

資料來源：世界銀行

日本和印度，正在迅速採取行動

　　不僅是中美兩國，日本和印度也正在積極向非洲示好。日本前首相安倍晉三不僅積極支援非洲，還制定了名為「印度－太平洋戰略」的開發計畫，表示「將把日本在亞州取得的成功擴展到非洲」。此舉可以分析為，日本有意牽制中國計畫打造二十一世紀絲綢之路來連接亞洲、歐洲、非洲的一帶一路戰略。

除此之外，日本政府還以高層交流管道「東京非洲發展國際會議」（TICAD）為契機，宣布將加強包含貿易和投資等經濟合作在內的全面性支援機制。2016 年，日本政府將原本每五年舉辦一次的東京非洲發展國際會議改為三年一屆（當時為第六屆），加強了合作。

不僅是日本政府，日本民營企業也正在加速進軍非洲。目前已經有數百家日本企業進軍非洲，而且不再以資源開發為中心，而是將事業範圍拓展到了金融、IT、零售等多個領域，並且實施在地化策略。企業不再只是單純獲取資源，而是進軍到了產品生產領域。日本將重點放在培養人才、進行優質投資，採取了與中國不同的策略。

印度作為與非洲往來最久的貿易夥伴，目前也正在積極加強與非洲的合作。印度是與東非在印度洋頻繁進行貿易的國家。英國殖民時期，有許多印度人為了鐵路建設計畫而來到非洲擔任管理工作，因此非洲住著許多第二代、第三代印度裔。印度正在積極善用居住於非洲的本國僑民。非洲目前大約有 280 萬名印度裔非洲人，也就是印僑。近幾年，這些印僑正在透過他們的關係網，以 IT、通訊、製藥等印度具有優勢的新產業領域為中心進軍非洲。

印度政府也正在持續展開與非洲的合作。自 2008 年以來，印度和非洲每三年都會輪流舉辦一次「印度－非洲論壇峰會」（IAFS）。但與中國相比，印度在非洲經濟的存在感

仍然較為薄弱。2014 年印度對非洲貿易額為 700 億美元，僅中國的三分之一。但印度正在以能源領域為中心，擴大與非洲的貿易。

歐洲，希望忘掉過去

歐洲過去曾引領過非洲。不過這當然是帝國殖民主義時期的事情。那作為帝國主義的受害者、曾被殖民統治的非洲抱持著什麼樣的立場呢？

肯亞國父喬莫‧甘耶達（Jomo Kenyatta）曾說過這麼一番話：「有一天，白人拿著聖經找上了我們。當時，我們擁有土地。他們教我們如何閉上雙眼祈禱。祈禱後睜開眼，我們的手裡拿著聖經，而白人占領了我們的土地。」這句話象徵性地描述了肯亞等非洲國家被西方列強掠奪的歷史。

歐洲的輝煌早已過去。英國等曾經橫掃非洲的歐洲國家才稍不注意，美國、中國、印度就積極進入了非洲市場。因此，歐洲正在努力清算過去的錯誤，試圖成為非洲的新經濟合作夥伴、維持既得利益。

最引人注目的一點是，歐洲國家為過去所犯的錯向非洲國家道了歉。2021 年 6 月，德國和法國反省了殖民時期所犯的錯誤，並承諾將提供援助。2021 年 5 月，法國為自己在 1994 年盧安達種族大屠殺中扮演的角色發表了道歉聲明。當

時，法國為擴大政治影響力支持了盧安達政府，而被懷疑是大屠殺的幕後黑手。2019 年，法國總統馬克宏在訪問盧安達時也承認，法國殖民主義是嚴重的錯誤。德國則承認了自己在 1904 年納米比亞大屠殺中的責任，請求納米比亞後代的原諒，並宣布將在三十年內金援納米比亞 11 億歐元。

英國可以說是在非洲實施了典型的殖民政策的宗主國。但英國和非洲的貿易額為 360 億美元，僅達中國和非洲貿易額的五分之一左右。美國和非洲的貿易額為 530 億美元，遠高於英國和非洲的貿易額。中美兩國已經在非洲積極進行投資，擴大了自身的影響力。

英國政府雖然曾經示好，但並沒有很積極。2018 年 8 月，英國首相德蕾莎・梅伊（Theresa May）曾訪問南非共和國、奈及利亞、肯亞等大英國協國家，並宣布將在 2022 年之前，超越七大工業國組織（G7）中的美國，成為非洲的最大投資國。但當時是德蕾莎・梅伊在 2016 年就任首相以來首次巡訪非洲。英國有必要去思考今後能為非洲做什麼。

法國曾經在非洲享有壟斷性地位，就連法國政府也表示「非洲和歐洲命運與共。沒有非洲，就沒有二十一世紀的法國歷史」。如今，仍然有許多非洲國家都還在使用法語。此外，象牙海岸等西非八個國家在 2018 年改用新的通用貨幣「Eco」前，使用的都是「非洲法郎」（CFA franc）。非洲法郎是典型的帝國主義產物，是無法直接管控本國貨幣的殖

民地產物。被法國殖民的國家自獨立後六十年來，仍使用了非洲法郎。

　　近來，法國誠摯地為過去道歉，並且正在向非洲示好。法國政府正在透過法國非洲投資者理事會（CIAN）擴大法國企業家和投資者的聚會，法國外貿顧問委員會（CCE）則在收集產業資訊。法國正在利用資訊網路，積極支援本國企業在非洲展開產業活動。

　　德國則認為支援非洲發展是防止非法移民流入歐洲的關鍵，因此正在提出各種投資方案。2018 年 8 月底，德國總理安格拉・梅克爾（Angela Merkel）訪問了非洲的奈及利亞、迦納、塞內加爾。她認為，透過投資非洲創造工作機會、支援經濟發展是解決難民問題、恢復國內政治支持度的關鍵。

07

中國為什麼會關注非洲？

非洲最大的貿易夥伴

　　非洲和其他國家一樣，無論到哪都可以看到中國人、中國企業和中國商品。在非洲，「Made in China」被認為是性價比高的產品，不但價格低廉，品質也有保障。

　　當前，中國是非洲最大的貿易夥伴。自 2000 年代起十年來，中國對非洲貿易額增加了十倍以上，成為非洲第一大貿易國。

　　中國和非洲的貿易額正在快速增加。1980 年，兩國貿易額僅 1 億美元，但 2000 年增加到了 1,000 億美元，2015 年達到了 2,220 億美元，2018 年則達到了 2,401 億美元。

　　兩國的進出口額相對平衡。2018 年，中國對非洲出口額為 1,049 億美元，非洲對中國出口額為 993 億美元。中國對非洲的貿易順差僅達 56 億美元。

　　中國一直都是最積極進軍非洲的國家。擁有豐富資本的中國企業就像真空吸塵器，在吸納非洲的石油、天然氣和礦

山開採權。

2018 年，中國商務部宣布，非洲已與中國建交的 33 個最低度開發國家 97％的出口產品可享受零關稅，進一步擴大了與非洲的貿易規模和對非洲的影響力。

中國向日用品、道路、港口設施不足的非洲國家提供了低廉的工業產品和基礎設施，提升了自身的影響力。這是中國積極爭取非洲的能源和自然資源，並提供非洲性價比高的商品所得到的結果。

根據全球顧問公司麥肯錫（McKinsey & Company）透露，2018 年進軍非洲的中國企業超過了一萬家。投資總額從 2004 年的 10 億美元增加到了 2016 年的 490 億美元。

大概是因為有中國資金的加持，兩國貿易又增加的關係，中國與非洲之間的人員交流也變得非常活躍。我在非洲任職時，多次面試了公司員工。由於失業問題嚴重，就算只招一名員工，也會有數百人投履歷。當時，我的桌上經常放著通過第一、第二階段的二十份簡歷。大家的履歷都很不錯。有人曾在印度商會工作，也有人曾在北京大學讀書。我問了畢業於北京大學的當地面試者，北京大學有多少坦尚尼亞學生。面試者的回答是「太多了，我也不太清楚」。由此可見，中國政府邀請了許多非洲青年到中國留學。

據說，進軍非洲的中國企業數不勝數，正在運營或正在建設的中非共建產業園也高達一百多個。中國全面實施一帶

一路計畫加快了這個趨勢。

　　首爾－非洲航班並不多。如果要從韓國等亞洲國家飛往非洲，最短的航線都需要到中東的卡達或杜拜轉機。而令我驚訝的是，飛往非洲的飛機裡，乘客居然大多是中國人。在非洲機場，隨處都能看到中國人的蹤影。

　　中國人比較喜歡僱用自己人。為了在非洲實施事業計畫，中國會直接把本國技術人員帶到非洲。為了保障工程品質並縮短工期，比起當地新手，中國比較喜歡熟練度較高的本國勞工。

　　據推算，大概有 160 萬名中國勞工在非洲工作，約有 35 萬至 40 萬名中國人住在非洲。當然，與歐洲、韓國相比，中國的勞動成本仍然較低也是其中一個原因。不過，因事業計畫等原因而移居非洲的中國技術人員也出乎意料地多。目前，有將近 200 萬名中國人進軍非洲，設立了一萬多家企業，在各個領域展開活動。

　　不僅如此。中國還為非洲的醫療保健領域提供了大規模的支援。1960 年後，中國展開醫療外交，派了 1.5 萬名醫生到非洲。

　　赴中國留學的非洲國家學生也正在快速增加。2003 年，中國的非洲留學生不到 200 人，但之後快速增加，2015 年時已經超過了 5 萬人，規模僅次於法國（9.2 萬人），排名第二。在中國企業、中國人大量湧入非洲時，中國政府積極在

非洲培養了「親中人士」。目前赴中留學的非洲青年人數超乎我們的想像，他們會在回到自己的國家後，在政治界、社會界成為親中派的社會領袖。

中國企業也正在非洲積極展開活動。近幾年，中國企業關注的領域正在從資源開發和農業擴大到製造業和服務業。非洲 54 個國家的總面積超過中國的三倍。中國薪資上漲進一步加快了中國企業進軍非洲的步伐。2004 年至 2014 年，反映生產力後計算的中國製造業薪資幾乎漲了三倍。再加上一胎化政策導致中國勞動力持續減少，沿海地區製造業發達的城市甚至出現了勞動力短缺的現象。

反觀非洲，非洲人口才剛開始大幅增加。預計到了 2050 年，非洲人口會增加到 20 億人。非洲勞動力並不優質，但很豐富。以奈及利亞為例，雖然官方公布的失業率為 10% 出頭，但青年失業率超過 40％。中國的製造業會對非洲的勞動力虎視眈眈是再自然不過的事情。

非洲國家徵收的高額進口關稅也正在吸引中國企業。為了本國的工業化，非洲國家正在以保護製造業為由，對電子產品徵收高額進口關稅。為了在非洲內需市場保持價格競爭力，在非洲建立生產基地絕對有利。還有一項加分因素是，已開發國家正在對非洲生產的產品提供各種優惠措施。非洲產品從歐盟、美國得到的關稅優惠和配額比中國產品多。

中國企業進軍非洲當然不僅與「供需市場原理」有關，

還與追求「獲取資源」的中國政府有密切的關係。中國對非洲國家的石油依賴度從 2013 年開始超過了 60％，非洲對中國的石油出口依賴度也上升到了接近 20％。

印度人和歐洲白人從很久以前開始就已經進軍非洲，在當地擁有很大的影響力。但中國的人數仍然不多。不過此刻仍然有許多中國工程師為了建設基礎設施而入境非洲，也不斷有中國人為了移民、商務、旅遊等各種原因前往非洲。

「中國非洲」（Chinafrica）

有一名曾和我在非洲工作過的外國分公司經理常常會去鄰國尚比亞和馬拉威出差。那位經理每次出差都會開玩笑地說很感謝中國，因為他出差時去的城市沒幾家像樣的旅館和餐廳，但幸好有中國人經營的餐廳和旅館，所以方便了許多。像這樣，只要是非洲大都市，都會有中國人的痕跡。

位於衣索比亞首都阿迪斯阿貝巴、高 99.9 公尺的非洲聯盟會議中心大樓是中國建設並捐贈的建築。2014 年，連接安哥拉西部城市洛比托與東部城市盧奧的本格拉鐵路完工。2016 年，連接阿迪斯阿貝巴和吉布地的亞吉鐵路完工。2017 年 5 月，連接肯亞首都奈洛比和東非最大貿易港蒙巴薩的蒙奈鐵路在中國的支援下開通，有許多列車駕駛員和管理人員都是中國人。此外，連接東非國家坦尚尼亞和內陸國家尚比

亞的坦贊鐵路為中國在 1975 年所建。

　　中國和非洲的合作關係並非一蹴而就，而是經年累月建立出來的。中國從 1950 年代開始就對非洲提供了援助，並利用新成立的非洲國家擴大了其在聯合國的影響力。此外，中國還在 1970 年代擠掉台灣、取得聯合國安全理事會常任理事國資格時，得到了非洲國家的幫助。

　　中國支持非洲獨立，進一步加強了與非洲國家的關係。自 1963 年時任總理周恩來首次訪問非洲以來，中國領導層訪問非洲的次數高達 100 多次。

　　中國每年都會舉辦「中非合作論壇」（FOCAC）。非洲會像是整個被搬到中國一樣，大部分的非洲國家元首都會訪問中國。中國對此做出回應，成立了「非洲發展基金」（CAD Fund），並在 2015 年第 6 屆論壇上承諾將投資 600 億美元的資金。

　　中國並不是只有透過高層訪問對非洲示好。2000 年代起中國開始釋放經濟潛力，大幅增加了對非洲的投資。中國以對抗歐美等西方列強的反帝同盟之名，從物質上、精神上支援了非洲殖民地獨立，不遺餘力地提供了強而有力的凝聚力和支援。

　　中國也正在毫不猶豫地提供各種貸款。2006 年至 2017 年，中國提供給非洲的貸款達 1,430 億美元，占非洲總債務的 20％。中國可以說正在把最多的精力花在今後充滿機會、

年輕、具有吸引力的未來市場「非洲」上。中國不僅投資額高，投資領域也相當廣泛。光是 2016 年，中國就投資了交通領域 200 億美元、能源領域 120 億美元。目前正持續在房地產、基礎設施、礦業等多個領域進行投資。

中國在援助或投資非洲時並不會斤斤計較。西方已開發國家的國際援助則較為複雜，且重視本國輿論。美國等西方國家在決定援助或展開經濟合作時，會去考慮目標國家的政治和人權情況，而且非常不願意看到其提供的援助最終助長非洲國家的獨裁政權。西方國家不僅會考慮到經濟因素，還會考慮到各種政治因素。因此，西方國家不僅會考量經濟因素，還會採用更嚴格的標準。

西方國家目前仍在人道主義立場上援助非洲，而中國表面上看起來是在經濟層面援助非洲。中國並不介意非洲國家的政治局勢。中國秉持不干涉內政原則，因此並不會去考慮非洲國家複雜的政治局勢。中國在每年於中國舉辦的中非合作論壇上提出的「五不原則」中就有「不干涉非洲內政」、「不在援助中附加政治條件」這兩項原則。這與過去曾殖民統治非洲的西方國家截然不同。這也就是為什麼非洲國家的政府會歡迎中國提供援助。

中國的對非投資不只規模大，執行方式也與其他國家不同。大部分的國家會把重點放在預算支援上。但除了預算支援之外，中國會將國內低廉的勞動成本作為武器，直接投入

本國的工程師和勞動力，降低工程費用、縮短工期，在短時間內取得顯著的成果。由於直接投入了人力，事業進展較快。這給大多數非洲國家留下了深刻的印象。對非洲國家來說，中國就像久旱甘霖，正在滿足非洲政府對基礎設施的需求。

中國的資金目前主要投資於非洲的基礎設施建設。中國政府正在為非洲建設基礎設施，以此獲取資源開發權。也就是說，中國政府正在透過「一攬子交易」，每年向非洲基礎設施領域投資超過 50 億美元，以獲取石油、天然氣、礦產開採權。這是因為中國正在推進旨在連接亞洲、歐洲和非洲的一帶一路計畫。整項事業背後都有中國國營企業在支撐。

如果去看改善非洲各地交通、基礎設施的相關領域，中國的進軍規模遠超過其他國家。2018 年，非洲共推進了 1 兆美元的基礎設施建設事業，其中，有四分之一的資金來自中國。當然，有一半的工程、採購、工程相關合約都歸中國所有。此外，中國還進軍到了中非的剛果民主共和國。中國正在當地收集電動汽車電池不可或缺的原料「鈷礦」、將其運回中國，並在提煉出鈷後供應給韓國等生產電池的國家。

非洲的道路、鐵路、橋梁、機場大部分都是在中國的設計、技術和資本下建設的。中國支援非洲各國建設了 2,000 公里以上的鐵路和 3,000 公里以上的道路。此外，中國還提供了非洲各國貸款，並為無法償還貸款的國家免除債務，展現了友好的態度。

　　這是因為中國不僅打算在非洲經濟戰中戰勝美國、歐盟、日本等已開發國家，還打算積極援助非洲國家進行開發，以拉攏他們。

　　但由於中國過度進行投資、派遣人力，在非洲引發了不少衝突。也有越來越多案例顯示，中國企業對非洲勞工差別待遇，或強迫非洲勞工在惡劣的環境工作。有人譴責中國這種行為就像過去西方帝國主義國家進軍非洲時的行徑。總之，在歐美國家退出非洲或猶豫不決時，非洲成了中國的天下。

　　我們有從美國等西方國家的角度看待非洲與中國的互動的傾向，認為兩者的互動具有威脅性，對其持負面態度。不過，我們必須要知道的是，中國進軍非洲並擴大對非洲的支援並不具強制性，中國與非洲互動時是從「相互支援」這個經濟層面出發的，且其正在向非洲提出有利的條件。因此，在看待非洲和中國的關係時應該保持客觀，而不是只從西方國家的觀點出發。

08

非洲團結一致：
是否會成為最大的區域共同體？

　　隨著各國之間的貿易規模擴大，全球經濟的相互依賴性正在增強，國界也正在消失。區域共同體旨在消除各國在關稅、商品方面受到的各種差別待遇，實現經濟一體化，讓各國變得像是一個國家。1993 年成立的歐盟就是一個代表性的例子。歐盟當時就是希望各國團結起來、發揮「改變遊戲規則者」（Game Changer）的作用。非洲也有「泛非主義」（Pan-Africanism）。也就是說，為了在政治、經濟、社會上取得成長，非洲大陸必須密切團結、實現一體化。

　　非洲經濟共同體旨在建立區域經濟共同體，以共同應對經濟落後、政局動盪等問題，並消除貿易壁壘，透過促進貿易追求共同成長。非洲共有八個非洲聯盟承認的區域經濟共同體，包含 ECOWAS（西非）、COMESA（東非、南非）、AMU（北非）。目前各區域地理位置相鄰的五個以上的國家正在建立同盟關係，且大部分都加入了兩個以上的共同體。

　　非洲全境推動的經濟共同體「非洲大陸自由貿易區」於

2021 年正式開始，目前正在謀求加快非洲的區域經濟一體化、擴大吸引外國直接投資。

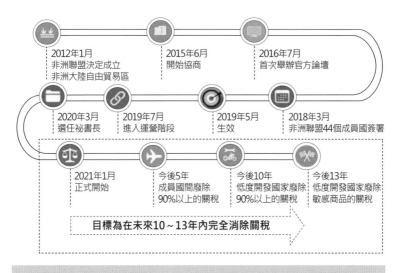

2012年1月 非洲聯盟決定成立 非洲大陸自由貿易區	2015年6月 開始協商	2016年7月 首次舉辦官方論壇

2020年3月 選任祕書長	2019年7月 進入運營階段	2019年5月 生效	2018年3月 非洲聯盟44個成員國簽署

2021年1月 正式開始	今後5年 成員國間廢除 90%以上的關稅	今後10年 低度開發國家廢除 90%以上的關稅	今後13年 低度開發國家廢除 敏感商品的關稅

目標為在未來10～13年內完全消除關稅

非洲大陸自由貿易區執行現況　　　　資料來源：大韓貿易投資振興公社

雖然各區域為了展開非關稅貿易、促進人員自由移動，而持續進行區域內貿易，但 2019 年非洲的區域內出口量僅占總出口量的 14.1％。隨後，新冠大流行引發經濟衰退，讓非洲國家意識到了自主區域貿易的必要性，並形成了「非洲的問題只能由非洲人解決」的共識。

隨著非洲各國簽署《非洲大陸自由貿易協定》、成員國之間的關稅和非關稅壁壘降低，企業競爭力將會提升，區域內貿易也將變得更活躍。也就是說，這個協定將為成員國帶

來新的合作機會。非洲開發銀行預測，非洲大陸自由貿易區正式開始之後，區域內貿易量占比將從目前的 14％增加到52％，非洲的 GDP 將會增加 2.64％左右。

隨著區域內貿易量增加，非洲的本國製造和生產能力有望提升，國家經濟和產業發展將得到很大的幫助。非洲的製造業相當落後，僅占 GDP 的 10％左右。在簽署協議後，非洲各國將變得更容易扶植製造業，而不再只是進行依賴資源、結構又單純的出口。因為非洲國家在供應中間財（Intermediate Goods）時，將能自由移動。

此外，原本礙於少量多樣接單而放緩的貿易也將變得更活躍。因為與周邊國家的貿易範圍將擴大到零關稅。隨著市場擴大，投資規模將有可能增加。區域內貿易增加將促進國家之間的投資增加，而這將使合作模式變得更多樣（如：技術轉移）。也有不少人期待，這會是一個能引入金融科技、電子商務等數位技術的最佳機會。

但非洲仍有很長的路要走。畢竟比起簽署協議，執行更為重要。對於物流基礎設施的改善、非關稅壁壘、人員自由移動等敏感課題，各國立場各不相同。此外，不完善的道路、鐵路可能會成為阻礙貿易的因素。

另一方面，有人主張應該要根據國家經濟實力，適用不同的關稅稅率和管制規定。奈及利亞、南非共和國、埃及這三個國家占非洲 GDP 總額的 44％，因此在進行區域內貿易

時可能會比較不平等。由於內需經濟脆弱，對周邊國家的外貿依存度越高，短期內因取消關稅而減少的稅收就會越多。如果擁有製造能力的國家以低價進口原材料，並以高關稅出口商品到鄰國，那區域經濟的差距將變得更大。就算取消關稅，如果沒有基礎設施和系統支撐，那仍然無法在價格或品質方面比中國和印度的進口商品更有競爭力，最終將無法擺脫對外界的高度依賴。

　　為了能善用非洲大陸自由貿易區，我們必須密切關注。政府應該要考慮與非洲主要國家簽訂自由貿易協定。南非共和國、肯亞等基礎設施較完善的非洲國家可作為優先考慮對象。企業則應該透過大膽投資來擴大區域內採購。這麼一來，進軍非洲各國的企業將能利用在區域內生產、具有競爭力的原材料和零部件來降低成本。此外，由於可以僱用薪資較低、能用英語溝通又年輕的豐富勞動力，這麼做將能為改善非洲的高失業率問題做出貢獻。不僅如此，還能運用美國的《非洲成長與機會法案》（AGOA）以及歐盟的《經濟夥伴關係協定》（EPA）中主要已開發國家提供的優惠關稅，進軍已開發國家市場。

第二章

在變化中尋找機會

01
工業化與創造就業機會

製造業將崛起

　　咖啡是東非的主要特產之一。由於價格適中，又因為來自非洲而具有稀少性，因此非常適合當作禮物送給熟人。但用來裝咖啡的包裝紙是一大問題。在非洲，包裝紙和禮物袋非常難買。雖然非洲本來就缺各種東西，但其特別缺工業產品。因此，就算好不容易買到生產自中國的禮物袋，其價格也幾乎是咖啡價格的一半。這是因為在非洲，咖啡等農業雖然活躍，但能進一步提高附加價值的包裝工業等製造業無法支撐第一級產業。

　　適合外國人在非洲購買的商品幾乎都依賴於進口。我有個曾任職於歐洲的晚輩，他在三蘭港的商店看到進口商品的價格後驚訝地表示，有的商品售價超過了歐洲的兩倍。因為是進口商品，所以售價很有可能任當地人喊。另外，有的商品常常不久前還有很多貨，但在需要的時候卻又銷售一空，也有的商品進口量並不固定，因此看到就得買下來。

非洲製造業依舊低迷。製造業僅占非洲 GDP 總額的10％左右，遠低於其他發展中國家。非洲各國政府會高呼扶植製造業、實現工業化，是因為能創造工作機會。附加價值低的農業並不足以拉動經濟成長，因此現在需要透過製造業和工業化，來創造工作機會。

工業化指透過開發基礎設施、扶植製造業，實現產業多樣化。至少為了讓「非洲大陸自由貿易區」能發揮實質性的作用，非洲國家的產業多樣化政策正被視為非解決不可的首要課題之一。

不再進口舊衣物，Made in Africa！

二手車與二手衣是在非洲販售的主要進口商品。在這裡，有不少公車上印著中文或日文，也有不少非洲人頭戴韓國民間防衛隊的帽子、身穿足球衣和印著韓文的衣服。

據說，韓國公寓園區衣物回收箱裡的舊衣服、舊棉被正在被成噸出口到非洲販售。雖然有些回收衣物會送給慈善團體，但也有些會提供給收集、販售舊衣服的公司。而這些公司會出口二手衣並從中獲利。

1990 年代，東非開始全面進口二手衣。對二手衣的需求正在以非洲等新興發展中國家為中心增加。二手衣主要進口自美國等已開發國家，韓國當然也包含在內。2015 年，東非

共同體（EAC）成員國從世界各地進口的二手衣總額就達到了 2.74 億美元。據統計，該地區每十人中就有七人擁有一件以上的二手衣。

這些二手衣價格相當便宜，只需要 1 美元左右，自然會阻礙非洲紡織業的成長。盧安達在 1994 年發生大屠殺事件後，便致力於重建經濟，並期待能透過扶植服裝業，創造 2.5 萬個工作機會。但盧安達生產的新衣服卻在價格競爭中輸給了路邊攤的二手衣。作為工業化政策的一環，盧安達政府野心勃勃決定扶植服裝業和裁縫業，二手衣卻成為了絆腳石。

2016 年，為了保護本國的成衣製造業，盧安達所加入的東非共同體宣布，東非共同體的五個成員國將停止從美國等西方國家進口二手衣物和鞋子。當時東非共同體說明停止進口的原因時表示「以低價湧入的舊衣舊鞋阻礙了其國內紡織業的成長」。

東非共同體當時宣布，直到 2019 年都禁止進口二手衣。美國和其他已開發國家因而出口受阻，不得不煩惱該如何處理二手衣。已開發國家必須在國內處理無法出口的二手衣，但要銷毀舊衣物，就得支付額外的環境成本。

最後，高呼「美國優先主義」的川普政府接受了美國二手衣貿易團體的主張，展開了反攻。川普政府宣布，將取消《非洲成長與機會法案》中美國提供非洲國家的關稅優惠。該法案是 2000 年為了促進非洲經濟成長而制定的法案，內

容包含提供撒哈拉以南非洲國家免關稅優惠（6,500 種商品）
以及擴大美國企業的對非投資。

　　美國自詡為世界第一強國，卻受到本國利益團體的影
響，而在非洲國家面前暴露出了兩面性。《非洲成長與機會
法案》原本的目的是透過貿易幫助非洲國家進行開發、實現
經濟發展，但美國把「美國優先主義」放在首位利用了這項
法案。

　　非洲消費者也是怨聲連連。禁止進口二手衣限制了消費
者的選擇權。由於禁止進口二手衣，消費者再也無法購買便
宜的二手衣，只能購買品質差但價格高的國產衣。而中國趁
著這個機會進入了成衣市場，每年向東非地區出口了 12 億
美元的衣服。由於非洲國家禁止進口的是二手衣，而不是新
衣，因此中國迎來了一個進軍非洲市場的機會。

　　這個「Made in Rwanda」案例為其他非洲國家帶來了深
刻的警惕。首先，非洲國家的製造業基礎還過於薄弱，不足
以推廣國貨。再來，盧安達是內陸國家，因此必須使用鄰國
坦尚尼亞和肯亞的港口。此外，非洲國家內需市場小，大部
分的國民又很貧窮，且缺乏受過培訓的勞工，要像越南、孟
加拉扶植縫紉工廠仍有侷限性。

　　但東非地區具有工資較低且豐富的勞動力、電費較低、
鄰近印度洋等地理優勢。由於東非各國政府正在積極推動製
造業扶植政策，東非被視為繼中國、東南亞之後的下一個紡

織業生產基地，備受各國關注。

　　東非地區對美國、歐洲出口的紡織及成衣產品正在持續增加。隨著來自中國、印度、南非共和國等新興國家的投資額增加，製造業在外國直接投資所占的比例也呈現劇增趨勢。歐美的主要跨國服裝企業已成功在肯亞、衣索比亞試產，並正在擴大生產設施；土耳其、印度、中國企業也正在大舉進軍東非市場。

　　為因應這個趨勢，東非各國政府正在將紡織業作為推動中長期經濟發展的核心製造業，並且在實施各種扶植政策，包含擴建電力和運輸基礎設施、改善行政系統、培養產業人才、提供租稅優惠。

　　但要成立一家製造業公司，仍然需要籌措大筆資金。此外，非洲不僅勞動生產力低，還必須考慮到其他政治風險。要進軍非洲市場，將面臨重重阻礙。但在非洲各國政府的主導下，生產條件正在快速得到改善。

汽車產業正在崛起

　　汽車產業始於歐洲，後來擴展到了美國，甚至到韓國、中國。時至今日，全球汽車品牌仍然集中在三大洲。地球上有能力製造汽車的國家不到十個。汽車產業是代表性的綜合產業，需要投入整個國家的技術能力。其不僅會為相關產業

帶來巨大的影響，規模經濟效益也很大。汽車產業涵蓋廣泛的上下游相關產業，包含零部件製造、整車組裝、銷售、維修、分期融資、保險。雖說近幾年汽車產業的核心正在從內燃機轉向電力，但就算說汽車產業目前仍引領著工業化也絕不為過。

　　非洲缺乏各種商品，大部分的汽車也都是進口的二手車。在二手車市場，有各種來自韓國、日本、美國、歐洲的品牌。據說在西非迦納的二手車市場，韓國小型中古車占了將近 70％，相當有人氣；2021 年，韓國現代汽車還宣布其擊敗日本豐田，與中非內陸國家剛果民主共和國簽訂了合約，將於同年出口 500 輛旗艦休旅車 Palisade。

　　在非洲，二手車價格超乎我們的想像。隨便一輛開超過十年的汽車售價都超過 1 萬美元。我們在定二手車的價格時，通常會重視車齡和行駛距離，但非洲的二手車市場非常有趣。他們在看車齡、定價時，重視的是汽車進口到非洲的日期，而不是汽車的製造日期。也就是說，在已開發國家行駛的距離並沒有那麼重要。非洲的道路多半是砂石路，是出了名的崎嶇不平，路上到處都是坑洞，也因此在非洲最好開休旅車。一輛二手車不管行駛距離再短、車齡再怎麼年輕，只要在非洲的行駛距離長，就很難開到好價錢，因為在非洲的道路上行駛所造成的折舊超乎我們的想像。相反地，就算行駛距離長、車齡老，因為已開發國家的道路非常平坦，只

要是剛進口的車，就能賣到好價錢。

　　儘管缺乏製造業的基礎設施，非洲仍在 2014 年推出了國產車。韓國是在 1975 年開發第一款國產車「Pony」的。若假設非洲比韓國落後 30 ～ 40 年，那非洲在 2014 年推出國產車並不令人意外。韓國就是在 1975 年推出國產車後，持續發展汽車產業、開發技術，現在成了汽車產業大國。

　　非洲的第一家汽車製造商是肯亞的「Mobius Motors」，標榜價格合理實惠、車體堅固耐用。他們專為非洲人打造了一款休旅車（SUV），不僅適合在非洲崎嶇的路面上行駛，還去除了所有多餘的功能。2009 年，英國企業家喬爾・傑克森（Joel Jackson）成立了 Mobius Motors，並將總公司設於肯亞奈洛比。喬爾・傑克森是一名住在英國的非洲木材商人。據說，他會成立這家公司，是因為他發現非洲對各種運輸工具的需求正在與日俱增。

　　2014 年，該公司推出了首款車型「Mobius I」。2018年，其將 Mobius I 進行升級後，推出了第二款車型「Mobius II」。雖然售價落在 9,000 美元左右，但如果考慮到每人平均年收入不到 1,500 美元，也說不上便宜。除了 Mobius Motors，非洲還有許多國產汽車公司正在成長。

　　2007 年，烏干達啟動了一項環保汽車開發研究計畫。烏干達政府成立了國營汽車公司「Kiira Motors」，並於 2011年在非洲推出了首款汽車「Kiira EV」。此後，Kiira Motors

於 2014 年推出了混合動力轎車「Kiira EV SMACK」；2016年試運行了非洲首款太陽能巴士「Kayoola Solar Bus（35 人座）」；2020 年則推出了後續車型：電動巴士「Kayoola EVS」，不斷向商業化的夢想挑戰。不只烏干達，奈及利亞也加入了這個潮流。2014 年，奈及利亞的第一個汽車品牌「Innoson」推出了首款車型，且其大部分的零部件都是在當地製造及供應。

還有一點值得關注的是，跨國整車企業正在進軍非洲市場。現在的各家跨國車廠就像十年前湧入中國般，正在奔向非洲。福斯汽車先是在南非共和國、盧安達、奈及利亞、肯亞建立了工廠，之後又在迦納建設了每年能生產 5,000 輛汽車的 SKD 組裝工廠。BMW 正在南非共和國普利托利亞生產 X3，產品最終會出口到非洲和歐洲。日產也正在南非共和國生產皮卡車。

中國和印度也正在計畫於南非共和國進行設施投資。現代汽車則宣布要在西非迦納建設兩個組裝工廠。現代汽車這麼做，等於是表明了其有意在當地建立生產基地，以進軍非洲這個新興市場。

韓國的中小企業也正在積極進軍非洲市場。Youngsan 是一家經營現代汽車組裝工廠的公司，其知名度在國外比較高。2004 年，Youngsan 開始進行轉口貿易，將韓國汽車供應給烏克蘭，經營起了汽車和零部件經銷事業。2007 年，

Youngsan 開始供應斯洛伐克汽車半成品，之後將供應範圍擴大到了土耳其、俄羅斯、獨立國家國協（CIS）、中東及非洲地區。2011 年，Youngsan 在西非的馬利、莫三比克建設了汽車組裝工廠，早早就進軍了非洲這個未來市場。

　　諮詢機構普華永道（PwC）主張，奈及利亞未來有潛力成為非洲的汽車樞紐。汽車或許會在不久後的未來成為非洲國家的必需品。汽車無疑是人類一直以來憧憬和夢想的物品。只要今後有足夠的時間，Mobius 說不定也會生產並出口各種汽車。

　　但要發展汽車產業並沒有我們想像的那麼簡單。土耳其汽車製造商也開發了國產汽車，卻未能持續推出令人印象深刻的新車。可見發展汽車產業有多不容易。

02
不需要現金：行動支付

非洲已迷上行動服務

　　二十一世紀的非洲擁有工資低又豐富的勞動力，且積極吸引外資，成為了備受關注的最佳生產基地。但非洲缺乏各種資源，在工業化方面也非常落後。無論是與已經實現工業化的歐洲相比，還是和亞洲相比，非洲今後還有非常長的路要走。

　　資通訊技術領域的跳躍式發展基於無線通訊。非洲直接選擇了行動市場，而不是需要建設電話網路等基礎設施的固定電話市場；也許是這樣，非洲資通訊技術市場的投資主要集中在行動領域，而不是需要投入基本成本的固定通信領域。

　　金融科技產業在非洲非常活躍。波士頓諮詢公司（BCG）在 2020 年的報告中分析，在全球行動市場，中國位居第一，肯亞和迦納緊隨其後，兩國行動市場分別占各國GDP 的 87％和 82％。該報告還預測非洲的行動支付市場將

持續成長。此外，到了 2025 年，用戶將達到 8.5 億人，行動支付金額將從 2.5 兆美元成長至 3 兆美元，全年交易收入將從 250 億美元增加至 300 億美元。

南非共和國在 2,000 年推出了非洲地區的第一款行動貨幣服務。2007 年，行動貨幣服務在肯亞全面擴散開來。非洲的行動支付服務之所以會這麼活躍，是因為受到當地特性的影響。在非洲，銀行的門檻非常高。由於都市化速度慢，在一般住宅區，別說是去銀行辦事了，光是要找到 ATM 都有困難。當地人得到大都市市區，也就是市中心，才能找到銀行或 ATM。就算找到銀行，就連開戶都要符合非常嚴格的條件。有別於信用制度成熟的歐美國家，在非洲，很少有人會開支票進行交易。

除了銀行難找之外，非洲人不喜歡把現金帶在身上也是其中一個原因。大部分非洲國家的貨幣單位都很大，如果跟美元比，非洲人必須要帶兩千多倍的紙鈔，再加上大面額紙鈔少，攜帶起來更不方便。此外，非洲治安極差，把現金帶在身上是一件非常危險的事。就連當地人都抱怨盜竊和搶劫事件頻發，導致他們不敢帶現金出門。信用卡和簽帳金融卡也無法替代現金，因為非洲人擔心卡被人盜用，不太願意刷信用卡，而且大部分的零售商店都沒有刷卡機。

在這樣的環境下，行動支付服務滲透到了市場。非洲的小工商業者和消費者要開戶或進行銀行交易都很不容易。他

們所處的特殊環境使他們直接跳過傳統的實體銀行服務，直接進入了數位經濟時代。

　　麥肯錫將非洲行動貨幣市場細分成了已成熟、成長中、未成熟三個階段，並指出行動貨幣服務在東非大部分的國家最為活躍。

　　商業顧問公司弗若斯特和沙利文（Frost & Sullivan）指出，肯亞、坦尚尼亞、烏干達這三個東非國家的行動貨幣對GDP的貢獻率幾乎高達50％。全球研究機構預測，非洲行動通信市場規模將持續擴大，行動貨幣市場將以全球最快的速度成長，行動用戶數和行動支付市場規模也將擴大。

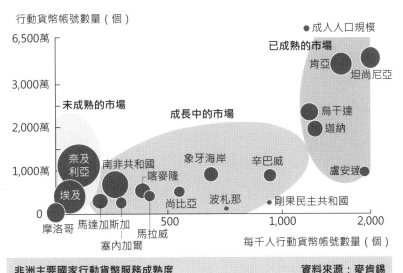

非洲主要國家行動貨幣服務成熟度　　　　　　資料來源：麥肯錫

　　坦尚尼亞也一樣，不僅能用行動貨幣進行存款、提款、匯款等個人交易，還能繳納各種稅金和水電費。就如同我前面所提，行動貨幣不但能解決銀行難找的問題，還能解決ATM使用起來不方便的問題。此外，由於貨幣價值低，坦尚尼亞人必須攜帶大量的現金出門。但因為有被偷竊的風險，當地人比較喜歡使用行動貨幣。

　　坦尚尼亞的行動用戶數將持續增加，固定電話用戶數將持續減少。截至2016年，坦尚尼亞的行動通信用戶數達到了4,004萬人，占整體人口的74％，但固定電話的普及率只有1％。

　　與坦尚尼亞接壤的盧安達也相當積極。韓國電信業者KT先與盧安達政府共同建設了4G網路，並成立了合資企業，之後又與肯亞、烏干達簽署了通訊合作備忘錄，現在正在將盧安達的商業模式推廣到整個東非地區。

　　韓國政府也於2017年5月，在位於盧安達首都吉佳利的國立盧安達大學教育學院開設了韓國－盧安達資訊訪問中心，以培養基於資通訊技術的創意人才。為了國家的資通訊技術發展，盧安達借鑑了負責引領韓國資通訊技術和電子政府發展的韓國情報化振興院，於2017年4月成立了盧安達資訊局。

坦尚尼亞和韓國的固定／行動通信普及現況

項目	坦尚尼亞		韓國	
	用戶數 （千人）	普及率 （%）	用戶數 （千人）	普及率 （%）
固定電話	130	0.2	28,036	56.1
固網寬頻	137	0.3	20,556	41.1
行動通信	40,044	74.4	61,296	122.7
網路使用率	13.0%		92.7%	

資料來源：ITU Statistics DB（2017. 6）

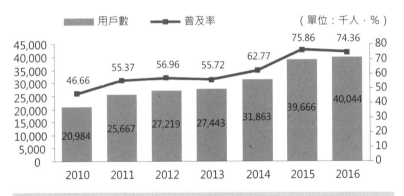

坦尚尼亞行動通信用戶數與普及率趨勢　資料來源：ITU Statistics DB (2017.6)

　　韓國韓亞金融集團旗下的韓亞信用卡（Hana Card）正在不斷探索東非的行動支付市場。2017 年 7 月，韓亞信用卡的總經理訪問坦尚尼亞，與沃達康（Vodacom）、Paypal 簽署了第三方支付系統相關備忘錄，為進軍行動支付市場奠定了基礎。此外，為因應坦尚尼亞政府計畫讓坦尚尼亞國營電信

公司（TTCL）收取各種公共事業費的動向，韓亞信用卡與坦尚尼亞國營電信公司展開了合作，並投資 1,600 萬美元推動「公私夥伴事業」（Public-Private Partnership，PPP），簽訂了為期七年的營運代理合約。

　　韓國行政安全部也自 2017 年 9 月成立韓國－肯亞電子政府合作中心後，三年來與非洲推動了國際合作事業，並將非洲地區的據點用作政府間的合作管道。此外，韓國情報化振興院等機構也正在支援韓國企業進軍肯亞。

03
尋找價值：旅遊產業崛起

東非適合小規模的個人旅行

　　非洲的旅遊產業潛力無窮。非洲擁有獨特的野生動物和得天獨厚的自然環境，中非有茂密的赤道熱帶雨林；南非和東非是地球自然生態系的寶庫，棲息著許多野生動物；維多利亞瀑布、塞倫蓋提、尚吉巴、吉力馬札羅山……非洲具備了許多能以其獨有的價值帶動旅遊產業的條件。

　　非洲旅遊產業正在不斷地發展，這一點從數據就能看出來。世界旅遊組織（UNWTO）的數據顯示，2018 年共有 6,700 萬名觀光客訪問了非洲，比 2017 年多了 1,400 萬人。旅遊產業占非洲 GDP 的 8.5％，並提供了非洲 2,400 萬個工作機會。

　　國外旅遊趨勢也出現了變化。比起導遊帶隊的團體旅遊，客製化旅遊的需求正在增加，越來越多消費者喜歡小規模自由行，與家人或朋友一起出遊。如果非洲也更積極地開發這種小規模的客製化旅遊商品，今後應該會有更多觀光客

到訪非洲東部。如果想感受未受破壞和汙染的大自然，客製化自由行將會是最棒的選擇。

但這種自由行的費用很高。雖然我在坦尚尼亞時，本來就沒有期待旅費會有多便宜、旅途會有多方便，但到了真的準備去塞倫蓋提和恩戈羅恩戈羅地區旅遊時，我還是嚇了一跳。坦尚尼亞的獵遊（Safari）並不是以眾多觀光客為對象，而是以少數 VIP 為對象設計的高價位旅遊商品。此外，坦尚尼亞沒有觀光巴士，也沒有常常會在中國旅遊景點看到的纜車。獵遊專用吉普車是唯一一種能在坦尚尼亞旅遊時搭乘的交通工具。

在非洲，國家公園不僅門票貴，園內旅館也很少，所以房價非常高。不僅如此，開車只能開指定的車道，洗手間也非常少。旅途中基本上沒有洗手間。如果想上廁所，就得停車，男生到左邊、女生到右邊使用「天然洗手間」。園內也沒有餐廳，遊客只能在指定的地點吃自帶的便當，真的管理得很嚴格。非洲國家雖然財政匱乏，卻沒有濫用得天獨厚的旅遊資源，還管理得這麼好，實在是令人感激不已。

許多非洲國家正在關注旅遊產業。非洲最具代表性的旅遊貿易展「INDABA」每年都會舉辦一次，2019 年 5 月的舉辦地點為南非共和國南端的海濱城市德班（Durban）。當時非洲有 19 個國家共 257 家企業參展，展示了 1,033 個旅遊商品。這一年，INDABA 吸引了全世界 88 個國家的人，參展

人數超過 6,500 多名，其中包含了 1,502 名買家。

獵遊是非洲旅遊的精髓，而東非是獵遊的故鄉。野生動物紀錄片就常常會到肯亞的馬賽馬拉國家保護區拍攝。這裡的野生動物非常多樣。非洲甚至是電影《獅子王》的靈感來源。肯亞與坦尚尼亞接壤，馬賽馬拉國家保護區與塞倫蓋提國家公園相連。獵遊時能欣賞到極為壯觀的景象，而穿過馬拉河大遷徙的牛羚大軍是一大亮點。牛羚大軍每年八至十月在坦尚尼亞塞倫蓋提和肯亞馬賽馬拉大遷徙時，都會造就出震撼人心的畫面。

盧安達被譽為「非洲的瑞士」，又被稱為「千丘之國」，近幾年正在變成全球旅遊勝地。許多觀光客會為了看火山國家公園（Volcanoes National Park）裡的山地大猩猩特地飛往盧安達。在火山國家公園，不但能體驗大猩猩徒步旅行（Gorilla Trekking），運氣好的話還能看到被稱為「銀背大猩猩」的大猩猩首領。

坦尚尼亞又被稱為「非洲之魂」，因為這裡不僅有「非洲屋脊」吉力馬札羅山、塞倫蓋提、恩戈羅恩戈羅、米庫米國家公園，還有美麗的野生動物生態系統，是一個有多種自然環境共存的寶庫。坦尚尼亞有 16 個國家公園，能讓遊客親自體驗野生生物的奧祕。塞倫蓋提、吉力馬札羅山、塞盧斯禁獵區還被聯合國教科文組織列為世界文化遺產。不僅如此，坦尚尼亞還有尚吉巴的海岸。尚吉巴就是搖滾樂團「皇

后樂團」的主唱佛萊迪・墨裘瑞的故鄉。

2018 年，世界旅遊及觀光協會（WTTC）評估，在全球 183 個國家中，坦尚尼亞的旅遊產業成長率排名第二。因為隨著建設機場和道路基礎設施，旅遊產業有望持續發展。2017 年，赴坦尚尼亞的旅客人數約為 132 萬人，呈現持續增加的趨勢。坦尚尼亞政府預估，2028 年將有 200 多萬名外國遊客入境。2017 年，旅遊產業創造了 100 多萬個相關工作機會。雖然這只占就業總人口的 8.2％，但 2028 年有望創造 190 多萬個工作機會。坦尚尼亞政府正計畫透過推動「新旅遊發展政策」（New Tourism Development），積極開發旅遊景點，吸引大量遊客。

但坦尚尼亞還有很長的路要走。雖然隨著遊客增加，國家公園內出現旅館、衍生出了各種旅遊服務，但針對東亞遊客設計的商品還是不多。到非洲旅行的遊客大部分都還是俄羅斯人和歐洲人。要迎接亞洲的團體遊客，目前的準備還不夠充分。不要說是團體旅行商品了，就連客製化的自由行商品、最基本的旅遊景點和旅遊手冊都不夠。

今後，隨著旅遊需求變得越來越多樣，中國等東亞遊客人數將持續增加。當地的旅行社、餐廳、獵遊等客製化旅遊商品的開發需求也將跟著增加。

在坦尚尼亞，除了大學之外，提供旅遊產業相關課程的專業機構並不多。有鑑於坦尚尼亞的大學升學率低，旅遊業

教育領域值得企業挑戰。

　　非洲飯店業的成長也值得關注。諮詢機構普華永道預測，在非洲國家中，南非共和國、奈及利亞、模里西斯、肯亞、坦尚尼亞這幾個國家的飯店數量將大幅增加，且飯店營收將在未來五年內成長 7.4％。比起經濟、政治、制度不穩定等因素，飯店業相關人士更關注的是非洲的市場潛力，因此其預測未來將有更多投資機會。

04

不再是黑非洲：能源和天然氣

非洲雖然資源豐富，卻無法加以利用

　　我在非洲工作時，有一名非洲員工第一次出差去韓國。我問他：「韓國哪一點令你印象深刻？」他的回答出乎意料地簡單：「韓國人行道與車道劃分得很明確、便於行走，而且附近的商店無論白天還是晚上都會營業。」

　　我住非洲時，每次晚上開車都會覺得非洲的道路很暗。此外，未標線的道路上沒有人行道，而且沒有路燈，所以晚上駕駛都必須特別注意。

　　非洲嚴重缺電，因此非洲人的生活作息大受自然環境影響。非洲人基本上都是日出而作，日落而息。在非洲生活，就像回到過去的農村時代。由於大部分的農村都缺乏電力，當地人得在太陽升起前做好各種準備，日落前回家。除了一些城市，鄉下地區都必須仰賴自然光，所以晚上沒有太陽時，很難像在都市那樣生活。

　　也因為如此，我在非洲支援出口工作時發現，出口到非

洲的商品中最引人注目的就是電力相關產品。能為手機等小型家電充電的自備發電機是常見的商品之一。

許多人指出，基礎設施不足這一點正在阻礙非洲的工業化。能源不足也是非洲需要解決的一大課題。國際可再生能源機構（IRENA）預測，2030 年能源和電力需求將分別增加兩倍和三倍。但非洲現在仍嚴重缺電。

特別是撒哈拉以南非洲能源普及率非常低，因此又被稱為「黑非洲」。據說，除了北非，非洲的電力普及率只有 50％左右，非洲人口中超過 5.6 億人未獲得電力供應。

非洲之所以會能源供應不足，是因為發電量低且難以供電。由於非洲都市化程度低，又缺乏發電技術，導致電力普及率低。老舊的發電廠也無法滿足日益增加的能源需求。要在廣闊的非洲大陸各地裝設電網並非易事。因此，非洲就跟大部分的開發中國家一樣，電費比國際標準高。進口量少和能源產量不足導致能源價格上漲。

更嚴重的問題是電力過度集中現象。非洲的貧富差距正在加大。2010 年，撒哈拉以南非洲國家的裝置容量為 78.5GW[10]，南非共和國為 44.2GW，占了一半以上。順帶一提，2010 年韓國的裝置容量為 84.6GW，比撒哈拉以南非

---

10 編注：根據台灣經濟部能源署「能源常用單位換算表」，1kW（瓩）= 1,000W（瓦）；1MW（千瓩）= 1,000kW；1GW（百萬瓩）= 1,000MW。此外，1TW（兆瓦）= 1,000GW。

洲所有國家的總裝置容量大。2012 年，非洲的裝置容量為
90GW，有一半來自南非共和國。此外，東非的電力大部分
都來自水力發電。非洲的發電來源中，煤炭占 45%（主要來
自南非共和國）、水力發電占 22%、石油占 17%、天然氣
占 14%（主要來自奈及利亞）。

非洲區域別電力普及率

區域	人口 （百萬人）	電力普及率 （%）	未獲得電力供應的人口 （百萬人）
北部	199	98	4.7
東部	359	47	188
中部	138	30	97
西部	376	53	178
南部	203	51	99

資料來源：KfW‧GIZ‧IRENA (2021), The Renewable Energy Transition in Africa

眾所皆知，非洲擁有無窮無盡的自然資源。東非是地球
上最古老的一個地區，不僅地下蘊藏著豐富的資源，還擁有
非常適合太陽熱能發電、風力發電的環境。東非的坦尚尼亞
和莫三比克海岸都在持續開發天然氣。據麥肯錫分析，莫三
比克和坦尚尼亞的天然氣、南非和波札那的煤炭、剛果民主
共和國和衣索比亞的水力發電有很大的潛力。

儘管非洲國家擁有豐富的資源，要利用這些資源發電並
將其用作國家能源，仍有許多不足之處。原油和天然氣也一

樣。在非洲，奈及利亞和安哥拉盛產原油和天然氣，但是如何利用這些原料有效生產能源是一大課題。

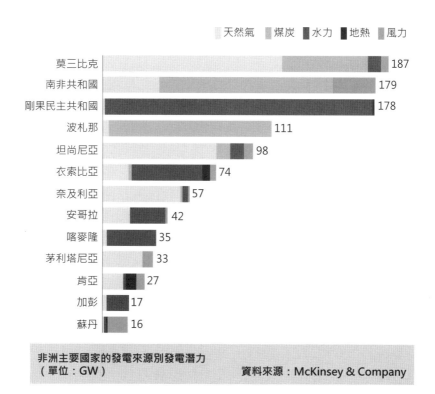

非洲主要國家的發電來源別發電潛力
（單位：GW）　　　　資料來源：McKinsey & Company

供電不足會促進民營石油發電廠的發展。近幾年，可再生能源領域正在以已開發國家為中心受到高度關注。非洲雖然在這個領域擁有適合進行太陽熱能發電和風力發電的優越環境，但開發速度仍舊緩慢。由於煤炭蘊藏量大，因此不斷

有人提出與火力發電廠建設相關的問題。非洲擁有可利用太陽、風力、地熱等豐富的可再生能源發電的環境，但由於各國地形、氣候、能源密集度、基礎設施條件等開發潛在條件不同，因此需要按各國情況制定可再生能源開發戰略。

新及可再生能源將成為解決方案

2016 年，非洲開發銀行制定了基於夥伴關係的「非洲能源新政」，旨在於 2025 年前實現非洲全境的能源普及。為了在非洲能源領域發展出創新的夥伴關係，非洲開發銀行正在政府、民間、雙邊、多邊能源領域展開合作。

非洲開發銀行的非洲能源新政內容

五大原則	四個具體目標
· 積極努力解決非洲能源問題 · 在非洲能源領域建立創新的夥伴關係 · 吸引國內外資本，為非洲能源領域籌措資金 · 支援加強非洲政府的能源相關政策、監管和治理 · 增加非洲開發銀行對能源和氣候方面的投資	· 增加併網（on-grid）發電，以在 2025 年之前提升 160GW 的裝機容量 · 增加併網輸電和電網連接，以在 2025 年之前連接 1.3 億個新電網 · 增加離網（off-grid）發電，以在 2025 年之前連接 7,500 萬個新電網 · 提供約 1.3 億戶家庭清潔炊事能源

資料來源：非洲開發銀行（2018）

非洲各國也正在制定國家能源計畫、推動政策，以利用可再生能源提升發電廠的裝置容量和能源普及率。新及可再生能源領域是最受關注的領域。因為非洲大陸擁有豐富的自然資源，有潛力以低於化石燃料的價格供應可再生能源。據估算，光是撒哈拉以南非洲的太陽能光伏和太陽熱能發電潛力就高達 9TW，水力、風力、地熱等其他能源的發電潛力也高達 1.2TW。其規模龐大，是韓國發電廠裝置容量（85GW）的 120 倍。[11]

地熱、風力、太陽光、太陽熱等可再生能源的使用比例雖然還很低，但正在持續提升。更重要的是，新及可再生能源之所以會受到關注，是因為可再生能源跟化石燃料不同、可以再生，因此比較不需要擔心枯竭的問題，而且汙染物質、二氧化碳排放量少，較為環保。只不過可再生能源的開發初期投資成本高，經濟效益也比化石燃料低。

非洲各國也正在實施具體的新及可再生能源供應計畫。衣索比亞就在建設衣索比亞復興大壩。如果這個大壩完工，其將成為非洲最大的單一水力發電站（6MW）。肯亞則在 2014 年建設了全球最大、規模高達 280MW 的地熱發電廠。2017 年初，南非共和國建成了非洲最大的抽水蓄能發電廠「Ingula 電廠」，並宣布將透過新及可再生能源普及政策「再

---

11 編注：根據台灣電力公司網站所揭露的資訊，截至 2023 年底，台電系統總裝置容量為 5,543.9 萬瓩。

生能源獨立發電商採購計畫」（Renewable Energy Independent Power Producer Procurement Program，REIPPPP），在 2030 年之前將太陽能光伏發電的裝置容量提升到 8.4GW。

非洲地區的能源別發電比例　　（單位：%）

	煤炭	原油	天然氣	生物燃料	核能	水力	地熱	風力	太陽光	太陽能	其他
2005年	44.26	9.07	27.65	0.18	2.00	16.49	0.18	0.15	0.00	0.00	0.03
2010年	38.41	9.50	32.63	0.22	1.79	16.75	0.22	0.35	0.05	0.00	0.08
2015年	32.67	11.53	35.82	0.26	1.57	15.93	0.57	1.10	0.32	0.02	0.20
2018年	31.00	7.95	39.85	0.25	1.38	16.21	0.62	1.69	0.63	0.24	0.20

資料來源：**IEA Electricity Information 2020**

此外，非洲國家正在推動各種將新及可再生能源用作替代能源的政策。非洲 41 個國家就在根據「能源國家型科技計畫」（National Energy Program，NEP），擴大新及可再生能源的發電規模。

非洲國家正在關注可再生能源，並透過減稅、免稅等措施，鼓勵可再生能源的發展，以彌補在投資和基礎設施方面的不足之處。非洲國家的新及可再生能源政策和計畫與聯合國 17 項永續發展目標（SDGs）中「擴大新及可再生能源」政策的核心價值吻合，各國將在 2030 年之前，持續實施相關計畫。

非洲主要國家的可再生能源擴大目標

國家	能源消費比例（％）	發電比例（％）	設施規模（MW）	組成和內容
肯亞			5,000	2030 年前讓地熱發電容量達到 5,000MW
奈及利亞		20		2030 年前讓發電比例達到 20%以上
南非共和國		13		2020 年前達到 13%以上
衣索比亞			6,000	風力發電 760MW，水力發電 5,600MW
莫三比克		61	6,000	集中擴大農漁村地區的太陽能發電
馬達加斯加	54			2020 年前讓能源消費比例達到 50%以上

資料來源：大韓貿易投資振興公社

　　然而非洲國家的財務狀況不佳，會對新及可再生能源的投資造成負面影響，這是目前需要解決的一大課題。此外，非洲國家還需要從區域層面改善營運管理能力不足的問題。為了提升電力普及率，非洲國家必須長期開發新及可再生能源。因為新及可再生能源具有不會枯竭的穩定性、能在非洲當地生產後直接供應，而且又是環保能源，能為各國提供共同利益。

　　以肯亞為例，為了營造一個促進外國資本投資的環境，肯亞於 2013 年在國家經濟開發綜合計畫《願景 2030》政策

中，制定了公私夥伴法案。該法案明示，因政治風險、戰爭、自然災害等意外因素導致投資人事業突然中斷時，將賠償相關損失。其旨在營造一個能讓外國投資人放心投資的環境。

但許多能源開發計畫在實施的過程中都會遇到困難。在取得事業用地的過程中，可能會出現複雜的土地所有權紛爭。行政程序複雜、政策不明確，也是可再生能源開發事業被推遲的原因。

非洲政府不僅要積極採取行動，還必須堅定地推動政策、快速解決土地補償問題、簡化行政程序。肯亞雖然於 2019 年透過能源法制定了上網電價補貼政策（FiT），但企業就算簽訂了購電合約（Power Purchase Agreements，PPA），仍需要另外取得地方政府的事業開發核准，行政程序複雜，導致事業風險增加。舉例來說，在衣索比亞，有些太陽能發電事業因為土地所有權紛爭，而被推遲了一年左右；在肯亞，有兩個正在推進的風力發電事業（總裝置容量預計為 170MW）雖然已經簽訂了購電合約，但因為土地補償問題尚未得到解決，而預計分別要等到 2023 年和 2025 年才會結束。

非洲政府今後應該要推動鼓勵減稅或免稅的能源政策，或開發能利用低廉的勞動力和其擁有的自然資源創造附加價值的事業，以吸引外國投資人積極投資非洲。

此外，除了設置中央集式系統外，非洲國家還需要衡

量各國的地形和自然條件，考慮在農村等偏遠地區設置就算
不擴大國家電網也能供電的微電網（mini-grid）和獨立系統，
並加以善用。如果企業在智慧電網、海水淡化、太陽能發電
等方面具有技術實力，可以考慮進軍這些領域。

備受關注的天然氣開發

　　過去，天然氣是俄羅斯、中東、歐洲、北非等地區的專
利。但近幾年，東非對天然氣開發的關注度正在日益提升。
天然氣不僅能代替石油，還能在過渡到低碳經濟的過程中發
揮重要的作用，其能夠保護環境，因此很有可能成為替代能
源。天然氣也很有可能會成為非洲大陸新的收入來源，變成
一種收益性高的自然資源。

　　安哥拉、莫三比克等國家雖然發現了大規模的天然氣
田，但由於油價暴跌，勘探和生產活動因而被推延。不過在
石油和天然氣領域，非洲大陸仍然充滿了機會。

　　莫三比克位於非洲大陸東南部，擁有 3,000 多萬人，天
然氣儲量排名全球第 14。近幾年，莫三比克透過穩定政治和
經濟改革，實現了高達 10.5％的經濟成長率，目前正在快速
成長。在能源消費方面，莫三比克近幾年正在減少使用進口
原油，改使用本國的天然氣。

　　莫三比克的經濟之所以能如此快速成長，是因為有煤

炭、鋁等豐富的資源。不久之前，莫三比克又因為發現大量的天然氣，而引起了全球相關企業的關注。韓國天然氣公社正在被譽為「非洲黑珍珠」的莫三比克展開天然氣勘探和供應事業。

坦尚尼亞從五十年前開始就開發天然氣了。近幾年，坦尚尼亞連接了從天然氣產地姆特瓦拉到三蘭港的天然氣管道，現在正在利用這條管道供應天然氣。其供應的天然氣中，大約只有 11％ 被用於燃氣發電廠和烹飪。為了進一步使用剩下的 89％ 的天然氣，坦尚尼亞政府正在推進各種事業，包括新建燃氣發電廠。

天然氣使用率越高，就會有越多機會開展各種天然氣事業。坦尚尼亞就正在準備多項天然氣事業，包括建設液化天然氣工廠和燃氣發電廠、擴大銷售烹飪用天然氣、引進壓縮天然氣公車、為產業園區和家庭供應天然氣。

韓國的能源進口量高達 97％。對坦尚尼亞來說，韓國是其採購商之一。也就是說，坦尚尼亞正在將產自本國的天然氣出口到韓國。此外，坦尚尼亞還計畫利用韓國的液化天然氣接收站營運經驗和工程能力，讓韓國企業也參與坦尚尼亞的建設計畫。但企業在進軍坦尚尼亞市場時，必須考慮到坦尚尼亞政策變得快、企業不易獲利、官僚主義盛行等各種阻礙因素。

非洲國家政府應該積極提供支援，以盡快推動能源相關

計畫。各種關於天然氣開發的限制也是一大問題。非洲國家應該要降低相關稅費、改善核准制度，營造一個能吸引投資人的友好環境。

05
黑鑽石引領消費市場的變化

消費市場將發生變化

　　我在非洲工作時發現，有個行業生意特別好，出乎我的意料之外。那就是社區的咖啡廳和餐廳。這些店在短短兩三年內，就幾乎變成了兩倍，尤其是咖啡廳變得特別多。我之前在中國的上海工作時，就曾經因為附近有很多賣早午餐的咖啡廳而感到驚訝，到了非洲，我又再次感到詫異。因為隨便一塊空地，就有好幾家餐廳和咖啡廳接連開張。

　　隨著人口增加、都市化快速發展，非洲的中產階級人口正在增加。也因為如此，非洲正在變成一個潛在的新興消費市場。此外，非洲的都市化發展尚未結束。這些現象不僅提升了消費者的購買需求，還提高了消費便利性，從而促進了消費市場的成長。

　　非洲國家能取得這樣的發展成果，很大程度得歸功於其經濟成長。國際貨幣基金組織和聯合國的數據分別顯示，過去十五年非洲的平均經濟成長率為 5.5％，人口增加率為

2.9％。這遠高於世界平均水準（經濟成長率：3.9％，人口增加率：1.3％）和已發展國家的平均水準（經濟成長率：1.8％，人口增加率：0.3％）。非洲開發銀行預測，2030年非洲的經濟成長率將達到5.9％。

　　非洲的中產階級規模也正在快速擴大。過去十年，非洲的中產階級人口增加了60％，達到了3.5億人。隨著年輕消費族群的購買力提升，非洲繼中國之後成了新的消費市場。根據聯合國推算，非洲中產階級規模將從2015年的3.5億人增加至2030年的5億多人，2060年則會達到11億人。

　　都市化也是促使消費增加的一大原因。聯合國預測，撒哈拉以南非洲的都市化程度將從2010年的36.4％上升到2030年的45.9％，2050年則會達到56.7％。隨著都市化程度加深，非洲都市的消費族群將於2040年超過2.5億人，消費市場規模將達到2兆美元。聯合國非洲經濟委員會（UNECA）預測，隨著都市化的發展，都市人口將增加三倍以上，且全球都市增加的人口中，非洲和亞洲都市增加的人口將占90％。

　　像這樣，在工業化的快速發展下，非洲經濟正在持續成長，包括中產階級在內的非洲消費族群也隨之增加。此外，人口增加促進了都市化的發展和消費分權化，非洲的消費市場正在變得越來越成熟。

　　非洲又稱為「年輕的非洲」，其購買力旺盛，是年輕

人的天堂。非洲擁有 11 億人口（以 2017 年為基準），未滿 24 歲的人口超過 60％。2.3 億名 15 ～ 26 歲的青壯年人口（以 2015 年為基準）正在引領新的消費文化。青壯年人口預計會在未來三十年內增加兩倍以上。世界銀行預測，非洲人口的平均年齡將從 2012 年的 19.7 歲上升到 2050 年的 25.4 歲。聯合國推算，2015 年未滿 25 歲的人口中，非洲人口占 55.5％、南美洲占 37.8％、亞洲占 36.6％。

非洲的人口增加速度排名全球第一、都市化速度快，且中產階級只在十年內就增加到了 3.5 億人。在這樣的背景下，非洲消費市場規模擴大的速度比其他任何一個地區都快。非洲基於 14 億人口的新興中產階級正在持續擴大，都市化發展也仍在持續，這預示著非洲今後的消費市場將快速成長。光是非洲的無線電話用戶數就從 2011 年的 3.8 億人增加到了 2016 年的 6 億人。

此外，過去只販售日用品的消費品市場正在迎來新興消費族群的時代。這個新興消費族群的喜好和消費型態相當多樣。近幾年還出現了代表新興消費族群和年輕中產階級的單詞：「黑鑽石」。為了搶占迎來變化的非洲消費市場，各國之間的競爭正越演越烈。這些國家關注的主要商品從過去的食品類，轉向了化妝品、時尚商品和食品。由此我們可以推測，非洲消費品市場今後可能會取代龐大的中國和亞洲市場。

「黑鑽石」登場，購買需求發生變化

　　隨著非洲經濟持續發展、收入水準提升，消費者需求正在發生變化。新興中產階級「黑鑽石」正在主導著非洲的消費品市場。2016 年，諮詢公司德勤（Deloitte）首次使用了「黑鑽石」一詞。

　　「黑鑽石」指由於經歷過高度發展，而對未來樂觀，並以消費為導向的年輕消費者。這類消費者對流行很敏感，而且比起低價產品，他們更重視品牌、包裝和產品的品質。這類消費者購買食品時，比較喜歡營養成分均衡、含糖量低且較為健康的食品。據分析，近幾年透過社交網路服務進行的直接和間接宣傳對消費者造成了很大的影響。

　　這些教育水準比較高的新消費族群對流行很敏感，並且會為了自我滿足，購買家電等商品。這個新消費族群的另一個特徵是，比起低價商品，他們比較喜歡高價位的知名品牌。他們重視的是品牌、包裝和品質，而不是價格，而且這個消費族群比較喜歡購買化妝品、保健食品、電視、冰箱等高價位的品牌商品。

　　像這樣，具有購買力的新興中產階級「黑鑽石」正在帶動消費市場的成長。在過去十年的高度發展下，中產階級比例正在增加，消費趨勢正在以年輕消費者為中心發生變化。此外，由於中產階級人口增加到了 3.5 億人，非洲的成長速

度比其他任何一個地區都快。據分析，非洲的年輕消費族群
（15～26歲）高達2.3億人，他們對流行很敏感，而且正
在主導最新時尚商品、美容用品、手機等商品的消費市場。

　　非洲擁有龐大的消費族群。其命運將有可能會成為這個
世界的命運。就像中國從世界工廠變成世界市場一樣，非洲
也正在蛻變為世界市場。

　　在非洲，超大型購物中心已成為一種趨勢。這裡說的超
大型購物中心指能夠讓顧客消費並享受各種娛樂的綜合購物
中心。非洲地區也出現了這種歐美式的大型購物中心。非洲
的消費文化也將從「以購物為中心」，變成「同時注重購物
與休閒娛樂」。南非共和國有兩千多家購物中心，排名世界
第六；肯亞則有超過30％的人會在購物中心購買消費品。

　　大型零售企業正在試著利用已建立好的品牌形象擴大市
場。其中，南非共和國的本土企業表現強勁。非洲前十大零
售企業的總部都設在南非共和國，這些企業正在快速擴散到
周邊的非洲市場。南非的Shoprite就在非洲14個國家開設了
300多家門市；肯亞的連鎖超市Nakumatt和Tuskys正在擴
張事業版圖，進軍其他東非國家；東非的主要零售通路商還
有Uchumi和Naivas。

　　另一方面，跨國企業也正在全面進軍非洲的消費市
場。沃爾瑪於2010年收購了南非企業Massmart，家樂福於
2015年進軍了象牙海岸。還有一點值得關注的是，H&M、

Forever21 等連鎖服裝企業和星巴克、Krispy Kreme 等食品企業也正在進軍非洲市場。2021 年 6 月，LG 電子與坦尚尼亞大型企業 MeTL Group 合作，在坦尚尼亞三蘭港開設了第二家門市。LG 電子計畫以這裡為中心，擴大進軍東非市場。

　　目前，非洲的零售連鎖店販售的商品大多是優質但昂貴的歐洲商品，或是價格低廉的中國商品。如果企業能推出可以與歐洲商品競爭且價格合理的商品，那很值得挑戰看看。

06

航線開通

需求持續增加，但關鍵在於政府過度限制

　　隨著非洲經濟持續成長、貿易變得活躍，航空產業的需求正在增加。航空是實現非洲一體化的基礎。不僅如此，航空運輸在促進商務、國際貿易和旅遊方面，發揮著重要的作用。無論是新鮮農產品、工業品，還是充滿創意和文化價值的無形商品，航空運輸能將非洲的商品出口到全世界，讓非洲發生變化。

　　除此之外，航空產業還能大幅刺激經濟。易於載客、載貨的航線是促進區域經濟發展的動力。航空產業能創造工作機會、振興旅遊業，因此其很有可能成為推動非洲經濟成長的新動力。

　　但讀者們應該都預料到了，非洲的航空產業發展程度低於平均水準。首先，非洲國家之間，也就是非洲內互聯互通的程度，遠遠落後於其他地區。非洲幾乎沒有距離相近的內陸航線，如果要從非洲的某一個城市移動到非洲的另一個城

市，通常要先飛到歐洲的國際都市，再掉頭飛回非洲。就算
是去周邊國家，也常常要先飛到距離更遠的航空樞紐國家後
再轉機。甚至有人說，如果要從非洲東部飛到西部，那最好
先飛去巴黎、倫敦等歐洲的中心都市，再飛回非洲。

　　非洲的航班不多，供不應求，因此機票非常貴。機場設
施也是如此。很少有飛機會在降落後直接連接航廈，乘客基
本上都要走一段路；下飛機後，走在機場跑道旁的水泥步道
上，就會切實感受到自己來到了非洲；由於機場會停電、網
路連線不穩定，有時候要等數十分鐘才能拿到機票；而誤點、
丟失行李是常有的事；另外有些機場開的是手寫機票，因此
偶爾免不了超額預訂。

　　撒哈拉以南非洲的三大洲際航空公司為肯亞航空、衣索
比亞航空和南非航空。但在這三家航空公司中，只有衣索比
亞航空有盈餘，其他兩家航空公司年年虧損數億美元，只能
靠政府的緊急融資營運。儘管國營航空公司連年財政赤字，
非洲的航空產業仍有許多限制。為了支援本國的國營航空公
司，非洲國家政府對航空產業採取了更多限制措施。大部分
受國家保護的航空公司賺取的收益根本就不及營運成本，不
斷反覆惡性循環。

　　為了使航空產業的發展成為推動非洲經濟發展的另一份
動力，非洲國家應該要放寬對航空產業的限制，引導其走向
自由市場經濟。全面支援國營航空公司，可能會導致相關產

業的市場萎縮。此外，非洲國家還應該履行推遲至今的「開放天空協議」。為了航空產業的發展，非洲各國應該就非洲地區的聯營航班和航空市場一體化，進行討論與協商。此外，非洲國家當然還應該要解決乘客的安全問題，改善老舊二手飛機等落後的航空基礎設施，並在被歐洲和中東壟斷的非洲航空產業中謀求自主發展。

　　牛津大學經濟研究所預測，2036 年之前，航空運輸產業和非洲遊客將提供 980 萬個工作機會（比 2016 年增加60％）和 159 億美元的 GDP（增加 184％）。非洲的航空產業有很大的成長空間，但短期內還是得依賴海外投資，因此航空產業有望成為非洲的新投資市場。

東非的主要航空公司

　　衣索比亞航空成立於 1945 年，是一家擁有七十多年歷史的航空公司，其口號為「非洲新精神」（The New Spirit of Africa）。衣索比亞航空的機票比已在營運中的阿聯酋航空、卡達航空便宜，能免費託運的行李也比阿聯酋航空多，足以吸引消費者的注意力。衣索比亞航空最初先開設了阿迪斯阿貝巴－開羅航線，現在則有 80 多條國際航線和 17 條國內航線。此外，繼美國洛杉磯、紐約、多倫多、華盛頓之後，衣索比亞航空即將再開通飛往芝加哥的航線。衣索比亞航空公

司雄心勃勃地表示，他們會像杜拜的阿聯酋航空，打造出非洲的樞紐機場。

肯亞航空在 1996 年 4 月民營化後，成了最成功又穩定的非洲航空公司。儘管其停運了飛往香港、河內的航線，公司經營上似乎遇到了困難，不過最近其公司開通了飛往紐約的航班。

坦尚尼亞使國營航空公司坦尚尼亞航空發展成了國際航空公司。坦尚尼亞航空正在計畫試航連接三蘭港和吉力馬札羅山的國內航線，以及飛往蒲隆地、烏干達、尚比亞、辛巴威、葛摩等周邊國家的國際航線。其計畫先運行飛往印度孟買、中國廣州的航班，之後再擴大全球長途航班。其中，橫跨印度洋的印度直飛航班是坦尚尼亞航空公司推動的一項重要計畫。

07
鐵路引領物流創新

鐵路使內陸互聯互通

　　物流之於經濟，就如同血管之於人體。對經濟來說，物流就是血管般的存在。能確保商品運輸順暢的物流系統是經濟發展的核心。就像血液必須在身體各處順暢循環，身體才會健康一樣，全國各地必須要有完善的道路、鐵路等物流基礎設施，經濟才會發展。

　　鐵路具有能運輸大量物資、調動部隊的優點。因此，為了進行殖民統治，許多殖民宗主國曾建設鐵路來運輸物資。二十世紀中葉後，殖民宗主國在非洲地區建設的鐵路開始老化，運輸量逐年減少。由於當時建設的鐵軌是窄軌，軌距比現在的標準軌窄，因此速度比較慢，使用起來有侷限性。但隨著近幾年高舉泛非主義旗幟的區域一體化趨勢變得更明顯，區域內貿易增加使鐵路價值再次上升，非洲各國變得越來越重視連接內陸各地的現代化綜合鐵路網。

　　近幾年，以東非國家為中心的鐵路計畫正在如火如荼地

展開。為了促進非洲東北部地區，也就是「非洲之角」地區的貿易，衣索比亞從 2016 年開始運行了連接阿迪斯阿貝巴和吉布地的鐵路（亞吉鐵路）。肯亞則從 2017 年開始運行了蒙巴薩－奈洛比標準軌鐵路（蒙奈鐵路）。此外，坦尚尼亞也正在推動將 1970 年代建設的坦尚尼亞－尚比亞鐵路（坦贊鐵路）擴建到盧安達、剛果民主共和國、蒲隆地、馬拉威的計畫。

東非的區域內貿易正在大幅增加，且東非的鐵軌皆為軌距一公尺的窄軌，因此東非很有可能成功建成綜合鐵路網。2009 年，東非共同體制定了東非鐵路總體規劃，就東非國家的鐵路整合問題進行了討論，但因為資金籌措問題，2009 年後事業陷入了停滯。近幾年，印度和中國正在積極關注並推動這項事業。雖然印度從最初的構想階段就表示其對這項事業有興趣，但 2013 年中國拿下了蒙奈鐵路建設工程。2014 年，中國時任總理李克強訪問肯亞、發表各種支援計畫後，目前正在以中國為中心推動這項事業。

為了開發石油等資源並實現高度經濟成長，肯亞、衣索比亞、坦尚尼亞等東非國家正在競相建設大規模的標準軌鐵路，謀求經濟發展。如果幾年後能積極營運這些鐵路，那運輸貨物到烏干達、盧安達、蒲隆地等位於維多利亞湖岸的內陸國家時，將能大幅減少物流成本。這將對東非的經濟開發和東非共同體的經濟一體化做出巨大貢獻。

　　肯亞和衣索比亞這兩個東非國家已經利用中國提供的貸款建設了標準軌鐵路。作為接受中國政府貸款的代價，肯亞和衣索比亞將設計和施工交給了中國。在一帶一路計畫的戰略背景下，中國正在加快進軍非洲的步伐，以開發資源、提高影響力。鐵路是中國重視的全球基礎設施事業之一。

　　鐵路建設有望解決阻礙非洲經濟成長的基礎設施問題，並為零售通路業帶來新氣息，為區域經濟注入活力。但非洲的基礎設施還不完善，且政局動盪、治安不佳、制度不明確，仍有許多風險因素。期待能看到非洲的鐵路建設帶動東非國家的經濟發展，而不是像一百多年前那樣被強國掠奪。

　　蒙巴薩是肯亞的第二大都市，也是東非最大的港口。在1985年的電影《遠離非洲》（Out of Africa）中，主角凱倫就是搭著火車來到蒙巴薩，然後在蒙巴薩搭了前往丹麥的船，該條通往蒙巴薩的鐵路建設於十九世紀英國殖民統治時期。

　　2017年，肯亞開通了新的蒙奈標準軌鐵路，連接了肯亞首都奈洛比和蒙巴薩，是肯亞獨立後所建設規模最大的基礎設施。中國是這條鐵路建設的最大功臣，其支援了大部分的工程預算（32億美元），並在3年6個月內完成了建設。肯亞港務局、肯亞鐵路公司與中國進出口銀行簽訂了貸款合約，中國以90％的工程費用換取了鐵路和港口經營權。此外，蒙奈鐵路於2018年1月開通了貨物列車。肯亞政府表示，新鐵路的開通開啟了肯亞歷史的新篇章。肯亞媒體則預

測，鐵路開通後，交通時間將從原本將近十個小時的時間大幅縮短至四個小時。

2014 年，中國時任總理李克強出訪非洲時曾強調，「中非 23 億人攜手發展，將會改變世界格局」，並發表了連接肯亞、坦尚尼亞、烏干達、盧安達、蒲隆地、南蘇丹這六個國家的鐵路建設計畫。這條鐵路全長 2,700 公里，總工程費用高達 250 億美元。當時建設的就是這條鐵路中連接奈洛比與蒙巴薩港口的部分，也就是蒙奈鐵路。這個鐵路網連接烏干達、南蘇丹、盧安達。作為全球經濟構想「一帶一路」的一環，中國正在以中國的標準和方式，支援非洲國家的大型鐵路工程。連接非洲中東部六個國家的鐵路將會在蒙奈鐵路完工後分階段建設。據中國媒體報導，如果建成這六個國家的鐵路，當地運輸成本將會減少 60％。

2016 年 10 月，衣索比亞建成了一條連接首都阿迪斯阿貝巴和阿拉伯海沿岸吉布地港的亞吉鐵路，全長 750 公里，其完工時間是蒙奈鐵路在中國的資金和技術下建成前七個月，預算為 30 億美元。衣索比亞 70％的貿易都依賴吉布地港，因此負責連接港口和內陸的鐵路非常重要。這條鐵入投入了中國的資金和人力，僅開工六年便成功開通。其不僅提高了前往紅海的便利度，也為促進非洲東北部的貿易做出巨大貢獻，還將原本需要五天的運輸時間縮短到了十小時以下，這有望進一步促進經濟發展。

　　如果衣索比亞能在擴建鐵路、道路等基礎設施時，多利用工資低廉、年輕又豐富的勞動力，那非洲市場將變得更有活力。衣索比亞是非洲地區人口第二多的國家，僅次於奈及利亞，目前人口超過了一億。正因為如此，衣索比亞有大量的年輕勞工，勞動成本又低，是相當有人氣的生產基地。

　　坦尚尼亞也正在擴建鐵路網以連接內陸。坦尚尼亞的鐵路始於 1970 年代興建的坦贊鐵路 TAZARA。TAZARA 是坦尚尼亞（Tanzania）的「TA」、尚比亞（Zambia）的「ZA」，以及鐵路（Railway）的「RA」合成的詞。1975 年，坦贊鐵路在中國的援建下完工，全長 1,860 公里，其中 975 公里在坦尚尼亞，885 公里在尚比亞。這條鐵路位於東非，連接坦尚尼亞三蘭港和尚比亞的卡皮里姆波希。

　　建設坦贊鐵路時，西方國家以經濟效益低為由，拒絕了提供坦尚尼亞援助。但中國提供坦尚尼亞無息貸款，直接援助了差一點就化為泡影的坦贊鐵路建設計畫。這對建立非洲國家與中國之間的友好關係帶來了正面影響。在修建坦贊鐵路時，中國提供了坦尚尼亞五億美元的無息貸款，且每年派遣了五萬多名技術人員。

　　搭坦贊鐵路普通列車需要四天三夜，搭高速列車則只需要三天兩夜。艙等分成頭等艙（四張臥鋪）、二等艙（六張臥鋪）和三等艙（座椅）。除非是家人，男女不能坐同一間頭等艙和二等艙車廂。抵達邊境時，乘客不需要下火車，直

接在車廂裡等待即可。坦尚尼亞和尚比亞移民局職員會到車廂，幫乘客蓋護照印章、辦理入境簽證手續。坦贊鐵路還設有用餐車廂，乘客能以低廉的價格享用簡單的餐點。

坦尚尼亞還正在努力提高烏干達、蒲隆地等四周環陸的周邊內陸國家和三蘭港之間的交通便利度。坦尚尼亞港務局透露，這是因為坦尚尼亞最大的港口城市三蘭港的通關貨物中，32％都是被運輸到鄰國的轉運轉口貨物。剛果民主共和國和尚比亞為內陸國家，也是坦尚尼亞的主要貿易夥伴，分別占坦尚尼亞港口轉運轉口貨物的35％和24％。擴建連接這些國家的鐵路和道路基礎設施，有望進一步加強三蘭港作為門戶城市的作用。

標準軌鐵路計畫就是坦尚尼亞正在推動的一項基礎設施擴建計畫，其將會連接坦尚尼亞和西北部的內陸國家。這條標準軌鐵路中，從位於印度洋沿岸的三蘭港到位於坦尚尼亞最西側維多利亞湖岸的姆萬扎的路段全長1,219公里。這項鐵路計畫將會連接內陸國家盧安達、蒲隆地、南蘇丹，是一個充滿雄心的鐵路現代化計畫，也是坦尚尼亞有史以來規模最大的一項基礎設施計畫，其規模達76億美元。坦尚尼亞政府表示其將分階段建成標準軌鐵路。

值得一提的是，坦尚尼亞拒絕了中國的貸款提議，選擇以公開招標的方式建設標準軌鐵路。這是因為中國貸款的利率過高，且坦尚尼亞政府判斷，投入大量中國勞工將無法為

本國國民創造就業機會、進行技術轉移。坦尚尼亞政府聲稱，中國壟斷了設計和施工，工程費用被訂得過高。簡單地說，肯亞和衣索比亞的標準軌鐵路建設接受了中國的援建，坦尚尼亞則選擇了透明公開的競爭。坦尚尼亞政府高度評價韓國企業的基礎設施設計和監造能力，因此將設計和監造交給了韓國企業。

根據坦尚尼亞投資網（TanzaniaInvest）於 2023 年 11 月 2 日更新的數據，坦尚尼亞標準軌鐵路的第一階段由土耳其與葡萄牙的建設公司合建，目前正在測試階段；第二階段則在土耳其建設公司主導下於 2018 年 3 月啟動；第三階段於 2022 年 4 月開始建設；第四階段於 2023 年 1 月開工；第五和第六階段則分別於 2021 年 1 月和 2022 年 12 月與中國簽署了相關協議。韓國企業標到了將在該鐵路上運行的機車和客車，目前正在供貨。這條鐵路將連接三蘭港、盧安達、蒲隆地、剛果民主共和國，預計每年會運輸 170 多萬公噸的貨物。坦尚尼亞政府還計畫擴建各種交通基礎設施，包括連接坦尚尼亞、剛果民主共和國和尚比亞、全長 700 公里的道路及橋梁。

08

東非門戶擴建港口

東非最大的港口將會是蒙巴薩，還是三蘭港？

　　港口是「融複合文明」的搖籃。在這裡，人員與貨物流動，各種文化和歷史共存。據說，「護照」（Passport）源自中世紀時的義大利文件，是「通過港口或大門」所需的物品。在進行國際交流時，港口就是扮演著如此重要的角色。而以船運貨物的方式進行貿易時，港口有多重要就更不用說了。東非與亞洲隔印度洋相望，它扮演著連接非洲內陸和亞洲不可或缺的角色。

　　肯亞的蒙巴薩和坦尚尼亞的三蘭港是東非的代表性港口。肯亞從英國殖民統治時期開始，就開發了基礎設施和鐵路，蒙巴薩成了東非的主力港口。近幾年，肯亞利用來自中國的資金，將鐵路擴建到了奈洛比，提升了其國際地位。

　　蒙巴薩港意為「戰鬥之島」，是一座位於肯亞東南沿岸的城市，是東非的代表性港口，也是肯亞的第二大城市。十六至十七世紀，蒙巴薩成了葡萄牙的殖民地，十九世紀後葉

則成了英國的殖民地。蒙巴薩大約有 120 萬人口，出口商品包含咖啡、劍麻、紅茶和水泥。此外，蒙巴薩是一個與中非相連的物流樞紐城市，其不僅有標準軌鐵路通往奈洛比，還是通往烏干達和坦尚尼亞的鐵路的起點。

但最近，有不少人擔心肯亞最大的港口蒙巴薩港可能會被中國奪走。2018 年非洲開發銀行發表的報告指出，如果肯亞無法按與中國政府簽定的貸款合約規定，在還款期限內還款，中國進出口銀行將有權接管蒙巴薩港的營運權。雖然肯亞政府表示「正在確實執行還款計畫」，但還是有人擔心「肯亞人到現在都還記得肯亞過去曾淪為英國殖民地，現在政府卻又從中國那拿了幾分錢，就把蒙巴薩港移交給了中國」。

在東非港口中，目前正在與蒙巴薩港展開競爭的港口就是三蘭港港。三蘭港港位於坦尚尼亞東部的尚吉巴地區，年吞吐量為 1,400 萬公噸，但其作為港口的效率還很低。世界銀行指出，「中國到坦尚尼亞的距離只有中國到巴西的一半，但中國與坦尚尼亞的貿易成本卻高出了 60%。三蘭港港效率低下，2014 年帶來了 26 億美元的經濟損失。如果三蘭港港能像蒙巴薩港一樣高效，坦尚尼亞經濟將每年增加 18 億美元」。

2015 年，坦尚尼亞政府對三蘭港港轉運貨物的卸貨服務徵收了增值稅（18%）。這導致三蘭港港的貨物吞吐量直線下降。2017 年 6 月，坦尚尼亞政府撤回了增值稅徵收措施，

取消了額外的貨物處理費用，以鼓勵本國和周邊國家恢復使用三蘭港港。

為了擴建三蘭港的港口設施並將其現代化，坦尚尼亞政府正在實施三蘭港海事門戶升級計畫（DMGP），旨在降低物流成本、改善服務。該計畫的主要內容為提高貨物處理能力（包括建設貨櫃集散站、擴建船席、新設連接內陸的運輸基地）、加強港口內的安全系統（包括引進綜合安全系統和大量的監視器）。此外，坦噶港（烏干達－坦尚尼亞輸油管道和石油出口港）、姆特瓦拉港（天然氣接收站）開發事業正在結合資源開發，獲得發展動力。

關注新港口的誕生：巴加莫約、拉穆

東非快速成長、經濟持續發展，港口吞吐量隨之增加。東非擁有由 3 億人口組成的潛在市場，而且還有撒哈拉沙漠以南的內陸國家，因此市場規模將進一步擴大。

然而，與印度洋接壤又能處理當前貨物吞吐量的港口，只有肯亞的蒙巴薩港和坦尚尼亞的三蘭港港。由於港口使用率已超過 70％，非洲港務局和港口業者正在招募合作夥伴，以建設能讓巴拿馬型船舶靠泊的基礎設施。為了緩解港口壅塞問題、提高港口連通性、增加貨物吞吐量，非洲港務局和港口業者正在尋找能夠容納新一代船舶的解決方案。

另外，隨著流入東非的貨物量增加，蒙巴薩港和三蘭港港已逐漸達到飽和狀態，非洲港務局加快了建設基礎設施，並尋找了替代港口。坦尚尼亞政府計畫開發巴加莫約（Bagamoyo），讓巴加莫約和坦尚尼亞最大的港口城市兼商業城市「三蘭港」共同成為東非的門戶。巴加莫約與三蘭港相距75公里，只需要一個半小時的車程。坦尚尼亞引以為傲的度假勝地、被稱為「印度洋黑珍珠」的尚吉巴就在對面。巴加莫約的優點是能立即使用基礎設施相對發達的三蘭港。

巴加莫約是只有5萬人的小港口城市，雖然曾是繁榮的城市和貿易中心，但對當地人來說，此處是悲慘的港口城市，因為這裡正是過去曾進行黑奴貿易的地方，也是黑奴們登上運奴船之前抵達的最後一個城市。巴加莫約（Bagamoyo）的意思是「放下你的心」，其背後藏著令人心痛的涵義，「縱使身體離開，也會將心留在故鄉」。順道一提，作為坦尚尼亞最大商業城市不斷發展的三蘭港（Dar es Salaam）的意思則是「和平的港口」。

坦尚尼亞正在持續建設從三蘭港出發，經過行政首都多多馬、遍布坦尚尼亞全境和非洲內陸的新道路和新鐵路。連接坦尚尼亞三蘭港和東非內陸地區的「標準軌鐵路計畫」將連接盧安達、蒲隆地和剛果民主共和國，是坦尚尼亞有史以來規模最大的一項基礎設施計畫。如果這條鐵路建成，每年將能運輸170多萬公噸的貨物。為了建設東非最大的物流據

點港口，坦尚尼亞政府還免除了曾對三蘭港港轉口貨物的卸貨服務徵收的增值稅。此外，坦尚尼亞政府也正在擴建港口設施並將其現代化，以提升港口的貨物處理能力。

中國當然不會錯過這個機會。中國早在 2000 年就宣布了巴加莫約投資計畫。雖然中國與阿曼合資制定了規模達 100 億美元的經濟特區興建計畫，但目前與坦尚尼亞政府協商中斷。如果經濟特區成立，將會有 190 家肥料生產、水產加工企業入駐，中國還會再興建新的經濟特區。經濟特區預計會由自由貿易區、科學園區、國際交流中心、商業建築組成，且免徵十年的營利事業所得稅和扣減稅款。不只是水電瓦斯費，用於區域內基礎設施建設的各類設備費用也都免徵增值稅。

屬於勞動密集型產業的紡織業和裁縫業為具投資前景的產業領域，其看上了巴加莫約工資低廉這一點。考慮到當地需求，更換老舊產業基礎設施、製造農產品加工設施、開採天然氣和礦物等自然資源的行業也都具有投資前景。如果把周邊的東非國家也當作目標市場，那將會是錦上添花。

但也有一些需要注意的事項。首先，坦尚尼亞的投資獎勵措施似乎不具一致性。再來，由於利率高，要在當地籌措資金並不容易。此外，由於行政系統落後，從土地購買、管理到通關業務，都存在著意想不到的風險。為了減少安全事故、盜竊等意外的風險，必須營運管理體系。儘管如此，巴

加莫約今後將成為引領東非貿易港口的綜合物流中心。

　　肯亞也正在加快拉穆港的開發。這是旨在促進肯亞北部經濟發展的大型計畫「LAPSSET」的一環。「LAPSSET」中包含興建通往南蘇丹首都朱巴的標準軌鐵路，以及建造南蘇丹和衣索比亞的輸油管道。肯亞政府也將興建煉油廠、機場和娛樂設施，因此拉穆港有望成為涵蓋南蘇丹和衣索比亞的東非三大物流據點之一。拉穆港預計會有 32 個船席，並得到肯亞政府 4.8 億美元的支援。拉穆港是深水港，因此進港船舶的大小限制將比蒙巴薩港小。目前正在興建的 3 個船席預計可供 3 萬～ 10 萬公噸的船舶靠泊。

　　隨著東非經濟成長、貿易量增加，為取代現有港口而興建的新港口將進一步得到開發。

09
醫療設備市場升溫

年平均成長9.2%……關注新市場

　　我在坦尚尼亞工作時，有家慈善機構每年都會到坦尚尼亞做慈善活動，而我曾在那家慈善機構的醫療服務中心當過醫療志工。他們當時提供眼科診療，免費為當地人進行了簡單的白內障手術。雖然白內障手術在已開發國家是一項非常簡單的手術，但在坦尚尼亞卻因為患者太多，而不得不在當地召募志工。這讓我切身感受到了坦尚尼亞的醫療服務有多匱乏。

　　非洲缺乏基礎設施，衛生保健設備也不完善。非洲的大都市也有綜合醫院，但因為患者太多、等候時間太長，所以很不方便。大部分的外國人都會去外國醫生經營的小型內科診所。

　　2020 年，撒哈拉以南非洲的人口達到了 11 億，占世界總人口的 13.9％，但非洲的藥品市場規模只有 225 億美元，僅占全球藥品市場的 1.8％。世界衛生組織（WHO）的分析

結果顯示，在撒哈拉以南非洲，大部分國家 70 ～ 90％的藥品皆依賴進口，且 11 億人口中，多達一半的人口難以獲得基本藥品。如果細看非洲市場，人均 GDP 接近 6,000 美元的南非共和國和人均 GDP 為 2,500 美元以下的非洲國家之間存在著顯著的市場差距。

在撒哈拉以南非洲的醫療設備市場中，南非共和國就占了 45％。肯亞、奈及利亞、衣索比亞、蘇丹的市場規模也接近 1 億美元。

撒哈拉以南非洲十個國家的經濟和醫療設備市場規模

區域	國家名	人口（萬人）	人均 GDP（美元）	GDP（億美元）	醫療設備市場規模（億美元）	進口自韓國（百萬美元）
南部	南非共和國	5,591	5,480	2,950	10.27	11.7
中東部	肯亞	4,846	1,380	700	1.22	4.3
西部	奈及利亞	18,599	2,450	4,050	1.11	0.9
中東部	蘇丹	3,958	2,140	950	1.00	1.7
中東部	衣索比亞	10,240	660	720	0.99	1.9
西部	迦納	2,821	1,380	430	0.84	0.4
中東部	坦尚尼亞	5,557	900	470	0.83	29.2
西部	象牙海岸	2,370	1,520	360	0.45	0.3
南部	莫三比克	2,883	480	110	0.36	7.6
南部	剛果民主共和國	7,874	420	350	0.23	0

資料來源：非洲未來戰略中心

　　非洲就跟大部分的開發中國家一樣，隨著都市化發展、收入增加，對醫療服務的需求也在持續增加。此外，隨著醫療保健意識提升、平均壽命延長而出現老年族群，醫療市場的成長潛力也正在進一步增加。非洲的醫療設備市場近五年來每年平均成長了5.5％，該市場預計會在未來五年，以5.6％的成長率快速成長。

　　在醫療保健領域，國際組織正在積極提供援助和金援。由於非洲國家財政匱乏，在開發的優先順序上，醫療保健時常會被排在道路、港口等基礎設施建設之後。這也是為什麼國際組織的援助會集中在醫療領域。

　　為了改善落後的醫療保健產業，非洲各國政府正在積極推動泛國家政策，並擴大相關支出，大力吸引民間投資。此外，非洲政府也正在高度關注醫療保健領域發達的國家在基礎設施、相關政策和營運經驗方面值得借鑑的案例。特別是在經歷新冠大流行後，非洲各國政府切深感受到了提升本國醫療保健能力的必要性。

　　大部分非洲國家仍然缺乏影像診斷儀和傳染病診斷設備。由於設備供不應求、高度依賴進口，非洲對X光、心電圖儀、磁振造影（MRI）等設備的需求相當龐大。霍亂或傷寒等在非洲好發的疾病、HIV／AIDS、結核病、瘧疾等疾病到現在都還是撒哈拉以南非洲的主要死因。非洲各國政府正在擴大預防和治療政策。

　　在非洲當地製造的醫療設備和藥品大部分都是消耗品，在撒哈拉以南非洲市場流通的產品中，超過90％的商品皆依賴進口。就算沒有高水準的醫療知識也能輕鬆使用的醫療設備在非洲是一大關鍵。輔助醫護人員和患者對能夠自行使用的設備有著旺盛的需求，因此相關市場前景光明。非洲嚴重缺乏專業醫療人員，醫院的可及性也很低，因此對跨國製藥公司來說，這個市場將有可能是一片藍海。

　　非洲不僅派遣了政府高層、官民聯合經濟合作訪問團到其他國家，還透過政府開發援助計畫、企業社會責任制定了許多適合當地的經濟合作方案。醫療領域和交通基礎設施領域可以說是國際援助機構最優先關注的領域。

必須掌握各國的政府採購策略

　　非洲是一個洲，而不是一個國家。雖然非洲各國有相似之處，但也有各自的特點。這也就是為什麼如果想進軍非洲市場，就得根據國家進行差異化。占非洲市場銷售額45％的南非共和國擁有相當於已開發國家的醫學水準，因此企業在南非共和國必須以高品質、新技術產品決勝負。但除了南非共和國，大部分的非洲國家收入水準仍然還很低，就連基本藥品也因為政府財政匱乏而無法及時供應，這些國家不可避免地對價格很敏感，因此具有競爭力的價格政策是進軍這些

國家的關鍵要素。

　　根據麥肯錫 2019 年的報告，非洲擁有 11 億人口，但製藥公司只有 375 家。這與中國、印度有很大差距。中國擁有 15 億人口，製藥公司達 5,000 家；印度擁有 14 億人口，製藥公司多達 1.5 萬家。因此，對非洲國家來說，比起引進創新新藥，供應基本藥品、保障其可近性才是當務之急。

　　以坦尚尼亞為例，其 80％的醫療設備是透過政府採購供應給醫院的。坦尚尼亞衛生部批准的藥品採購局（Medical Stores Department，MSD）會透過各種招標採購藥品和設備。一般代理商和最終需求者的購買需求固然重要，但我們要注意企業通常得參與招標才能進軍坦尚尼亞的醫療設備市場。

　　肯亞的醫療設備租賃事業正在如火如荼地發展。為了實現「全民醫保」（Universal Health Coverage）這個目標，讓所有肯亞國民都能享受醫療服務，肯亞正在與奇異公司（GE）、飛利浦等跨國企業合作，推動基本醫療設備租賃事業，政府也已經為相關事業提撥了 5,000 萬美元。

　　近幾年，非洲各國正在努力整合非洲市場，並宣布將成立非洲藥品管理局（African Medicines Agency，AMA）。2019 年 2 月，《建立非洲藥品管理局條約》經非洲聯盟認可通過，並在非洲聯盟第十五個成員國喀麥隆於 2021 年 11 月 5 日批准後生效。非洲藥品管理局是 2017 年 1 月非洲疾病管制署正式成立以來，第二個由非洲聯盟下設的機構。非洲藥品管

理局旨在快速高效地為包含非洲聯盟成員國在內的非洲各國居民提供藥品，並建立一套核准體系，以確保醫療設備的安全、品質和可近性。

如果非洲藥品管理局制定標準化的管制措施，那將能提供擁有學名藥或生物相似性藥品的企業優質資訊，從而改善非洲藥品市場可近性低的問題。考慮到非洲的醫療服務可近性低，就算沒有高水準的醫療知識也能輕鬆使用的診斷設備、檢測試劑等醫療商品會比較適合非洲市場。

第三章

關注東非

01
團結才能崛起：東非共同體

機會之地：東非

　　東非和印度隔印度洋相望，所以從很久以前開始，這裡就是與中國、中東、印度進行貿易的中心。東非擁有相當豐富的自然資源，包括塞倫蓋提國家公園、馬賽馬拉自然保護區、恩戈羅恩戈羅自然保護區，以及非洲聖山吉力馬札羅山。

　　過去，非洲經濟成長的中心是與歐洲相鄰的大西洋和西非。世界經濟的主導權落入美國手中後，世界經濟變成以太平洋為中心活躍發展。此後，全球價值鏈又快速從中國轉移到了東南亞和印度。非洲經濟成長的中心也跟著從與歐洲相鄰的大西洋和西非，轉移到了與亞洲相鄰的印度洋和東非。

　　非近幾年經濟快速成長，而被評價為經濟趨於穩定且充滿希望的國家。許多研究機構也正在關注東非，將其視為一個充滿希望的市場。美國安全情報智庫斯特拉福評選出了將繼中國製造業之後崛起的「後中國時代16國」，其中包含了東非的坦尚尼亞、衣索比亞、烏干達和肯亞。英國經濟雜

誌《經濟學人》則強調，2016 年全球成長速度最快的十個國家中，非洲國家就占了六個。

像這樣，東非被視為今後將取代中國和亞洲、前景看好的製造業生產基地，其正在變成一片「機會之地」。對製造業來說，東非的勞動力有相當大的吸引力。因為東非將官方語言指定為英語、擁有年輕的勞動力、教育率高，有較高素質的人力資源，而且東非還有天然氣、自然資源等豐富的物質資源，在都市發展、產業基礎設施、發電需求方面的前景也很明亮。

此外，東非政局相對穩定，因此具有投資風險較低的優勢。以坦尚尼亞為例，其執政黨正在持續掌權。坦尚尼亞總統任期五年，十年來進行了穩定的政權交接。雖然執政黨持續掌權的這段期間，政府政策曾因當選的總統而有變動，但坦尚尼亞這十年來政局穩定，因此投資人可以進行預測，這一點與其他非洲國家相比是非常有利的。

除此之外，由於主導生產和消費的年輕族群人口比例較高、人口增加、都市化快速發展，東非正在成為潛在的新興消費市場。這也就是為什麼東非會被視為今後將取代中國和東南亞的未來市場，而備受關注。

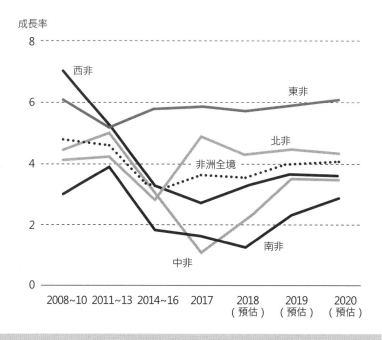

成長率

| 西非 |
| 東非 |
| 北非 |
| 非洲全境 |
| 中非 |
| 南非 |

2008~10　2011~13　2014~16　　2017　　2018（預估）　2019（預估）　2020（預估）

非洲地區別GDP成長率（2008~2020）　　　　資料來源：亞洲開發銀行

　　肯亞、坦尚尼亞、烏干達和盧安達為東非四國。他們共享非洲最大的淡水湖維多利亞湖，並成立了東非共同體，在歷史、文化、經濟上有許多相似之處。這四個國家待彼此如兄弟國家，關係相當密切。

　　到了近代，為了輸送非洲中東部地區的地下資源，帝國主義列強頻繁地侵略非洲國家。肯亞、坦尚尼亞、烏干達這三個國家從十九世紀末開始，就被歐洲帝國瓜分統治，並在1960年代獨立前被英國殖民統治，因此這三個國家的政治、

經濟、教育體系相似。不僅如此，史瓦希利語和英語皆為這三個國家的官方語言。史瓦希利語是一種基於班圖語並吸收了阿拉伯語的語言。

東非國家的經濟正在持續成長。據非洲開發銀行統計，2016 年東非的經濟成長率為 6.7％，東非是非洲境內經濟最穩定的地區，並且正在拉動非洲的成長。東非的區域內貿易也非常活躍。在非洲的區域經濟共同體中，東非共同體的區域內貿易最為活躍。2000 年僅達 5 億美元的區域內商品貿易總額在 2015 年時達到了 23 億美元，增加到將近 5 倍。

東非國家也正在與韓國政府展開穩固的經濟合作。韓國政府的關注度也明顯集中於東非。更重要的是，韓國政府以非洲為對象推動的政府開發援助計畫中的七個優先伙伴國家裡就包含了四個東非國家，分別是坦尚尼亞、衣索比亞、盧安達和烏干達。優先伙伴國家指為了有效執行開發援助預算而被選定的優先受援國。也就是說，韓國會選出幾個國家，優先提供這些國家援助。除了鐵路、道路等基礎設施之外，政府援助還能結合該國文化，幫助進軍企業軟著陸。韓國總理還於 2018 年訪問了坦尚尼亞和肯亞。韓國政府目前在執行的開發援助計畫裡有不少東非國家（如坦尚尼亞、衣索比亞），也有越來越多韓國企業想進軍東非市場。

農業是非洲國家的支柱產業。與資源依賴度過高的其他非洲地區相比，東非擁有領土廣闊、雨量豐沛等有利於農業

發展的條件。此外，東非沿岸蘊藏著豐富的資源。東非國家
早從 2010 年起，就開始準備了印度洋海上石油和天然氣的
商業化。建築業也是東非經濟成長的主要動力，非洲地區外
國直接投資額流入量最大的產業就是建築業。

東非共同體

　　肯亞、烏干達、坦尚尼亞、蒲隆地、盧安達這五個東
非國家的總人口約為 1.5 億人，GDP 約 1,460 億美元。這五
個國家希望透過合作，創造規模經濟，因此成立了東非共同
體。

　　如果形成共同市場，就能降低物流成本，成員國之間的
貿易活動也會變得更活躍，而且還能擴大貿易基礎設施。如
果能透過東非共同體形成一個巨大的共同市場，那麼會比單
一國家更具競爭力。

　　1967 年，曾被英國殖民的肯亞、烏干達、坦尚尼亞成立
了共同體。但 1977 年，烏干達和坦尚尼亞反對肯亞獨大，
兩國又爆發戰爭，導致該共同體一度解體，直到 2000 年三
國才又成立了東非共同體。因為越來越多人呼籲，為了有效
開發東非地區的礦產、天然氣等主要資源，三國應該共同做
出應對。這反證了與鄰國共存的重要性。2007 年，盧安達、
蒲隆地加入了東非共同體。南蘇丹、剛果民主共和國、索馬

利亞也分別於 2016 年、2022 年、2023 年加入了東非共同體，成員國變成了八個。東非共同體將總部設在坦尚尼亞的阿魯沙。

東非共同體始於殖民統治時期。英國早在 1917 年就和肯亞、烏干達進行了自由貿易。坦干伊加（1964 年與尚吉巴合併成坦尚尼亞）在第一次世界大戰後，從德國殖民地變成了英國殖民地。當時，肯亞、烏干達、坦干伊加（現為坦尚尼亞）三國總督還共同舉行了會議。三國早在 1922 年就對區域外貿易實行了共同關稅稅率，並從 1927 年開始，實現了進口商品的區域內自由流動。

東非共同體繪製了一個打破國界、建立「共同市場」、統一「貨幣體系」、三國將在遙遠的未來合併成一個「聯邦政府」的藍圖。其主要機構為理事會和東非法院。此外，三國元首組成了東非最高當局，各國各任命了一名主管部長。東非共同體還設立了東非議會和部長理事會，並成立了鐵路公司、港口公司、郵電政公司、航空公司和開發銀行。

東非共同體雖然是最晚成立的非洲區域共同體（2000 年），但其最快採取了行動。為了擴大區域內的人員交流與合作，東非共同體成員國正在推動發放統一電子護照。從長遠來看，這可以說是東非一體化計畫的第一步。雖然東非共同體尚未發放單一電子護照，但其有望大幅擴大各國之間的人員交流。

　　東非共同體目前也正在致力於建立單一消費及投資市場，成立關稅同盟，並計畫在 2024 年之前像歐盟一樣使用單一貨幣，甚至成立政治聯盟。在東非共同體的努力下，東非的區域內貿易量正在大幅增加。

　　東非共同體關稅同盟從 2005 年開始生效，區域內關稅同盟國家之間的貿易以「建立單一市場」為目標實施零關稅（0％）；區域外國家的進口商品則適用不同的關稅稅率，原輔材料為 0％、中間財為 10％、消費品為 25％。與烏干達、坦尚尼亞相比，肯亞的商業發展得比較成熟，因此設有寬限期，但從 2010 年起，除了部分商品外，其他所有商品都已適用零關稅。此外，《建立東非共同體共同市場協議》已在商品、服務、資本、勞動等所有領域生效，未來還會就使用單一貨幣進行協商。

02

阿拉伯與歐洲的爭奪之地：東非的過去

古代阿拉伯人的貿易中心：基爾瓦（7世紀～13世紀末）

　　印度洋是東非的主要活動舞台，是與中東、歐洲、印度進行貿易的主要據點。東非分別在十四世紀、十七世紀和近代，頻繁地與中東、葡萄牙、英國等國家形成了歷史共識。

　　東非的史瓦希利文明孕育自阿拉伯半島的阿拉伯人和非洲原住民。此後，隨著史瓦希利文明沿著東非沿岸擴散開來，摩加迪休、尚吉巴、基爾瓦等港口成為了當時印度洋的商業重鎮。

　　在阿拉伯國家中，與東非關係最密切的國家是與其地理位置相鄰的阿曼。七世紀末，阿曼的蘇萊曼（Suleiman）和賽義德（Said）在叛亂失敗後逃到了位於坦尚尼亞東邊的島，也就是今日的「尚吉巴」。阿曼自此進軍東非。他們一路征服沿海城市到蒙巴薩（今日的肯亞港口城市），並將勢力擴大到了周邊地區。此後，許多阿拉伯穆斯林定居東非沿岸，促進了阿拉伯和東非活躍的經濟交流。這使得今日東非地區

住著許多穆斯林。在波斯語中，「尚吉巴」意為「黑色海岸」。

　　此後，阿拉伯商人將東非作為據點，逐漸擴大了與印度進行的遠距離貿易。當時主要的貿易商品為非洲的黃金、象牙、奴隸。1154年，阿拉伯商人從東非帶著鐵、黃金、象牙、奴隸，經由印度、印尼、馬來西亞，來到了中國的東北部和韓半島，與各國進行了貿易。當時印度商人買進鐵，在印度將其製造成武器後，賣回了非洲。

　　位於印度洋沿岸的阿拉伯商人的貿易城市中，「基爾瓦」（今日坦尚尼亞東部的海岸小島）迎來了巔峰期。基爾瓦是一個相當重要的黃金出口基地。十五世紀時，不僅是黃金貿易，基爾瓦還很盛行象牙和奴隸貿易。隨著伊斯蘭教在印度洋沿岸傳播開來、形成伊斯蘭文化，許多東非都市發展出了獨立但具有共同點的文化。此外，由於積極開闢了貿易航線，葡萄牙的瓦斯科・達伽馬（Vasco da Gama）得以從東非出發並抵達印度，明代的鄭和也得以下西洋，經由印度並抵達東非。

葡萄牙和歐洲登場，東非受到矚目（1505年～1730年）

　　十三世紀時，歐洲有許多像義大利商人馬可・波羅（Marco Polo）的探險家橫穿亞洲大陸，一路來到中國，並將「東亞擁有豐富的黃金、寶石、香辛料」的事傳回了歐洲。

人們對未知世界的關注度因而高漲。

　　當時的歐洲雖然跟在其南方的非洲北海岸很熟，但並不了解撒哈拉沙漠以南的非洲。他們只能透過陸路，與阿拉伯、波斯、印度、中國交流。由於非洲大陸和歐洲之間有伊斯蘭國家，因此陸路交流受到了限制。

　　到了十五世紀，歐洲對奢侈品的需求增加，尤其是胡椒和香料。阿拉伯接壤印度洋，因此其在遠東、美索不達米亞、波斯、地中海沿岸國家之間，成了重要的海上貿易中心。也因為如此，歐洲人變得更有興趣去開拓新航線。

　　葡萄牙是第一個發現東非的歐洲國家。為了向東開闢一條擁有豐富的黃金和香料的印度航線，葡萄牙制定了一個繞過非洲大陸航行的計畫。1497 年 7 月，瓦斯科·達伽馬從葡萄牙出發，同年 11 月到達今日的南非共和國、非洲大陸南端的好望角，並在 1498 年抵達了位於非洲東部的莫三比克和蒙巴薩。

　　葡萄牙的目的是控制東非到印度、阿拉伯的香料貿易路線。也就是說，葡萄牙的主要目的是控制印度洋區域內的貿易，確保歐洲與亞州的海上貿易暢通。葡萄牙在抵達基爾瓦後，於 1505 年征服了基爾瓦和蒙巴薩。1508 年至 1650 年，在這 150 年左右的時間裡，葡萄牙統治了阿曼和東非海域，控制了阿拉伯灣的貿易。但到了十七世紀，英國、德國、阿曼等國家入侵東非，葡萄牙逐漸走向衰落。

阿拉伯重返非洲：阿曼蘇丹時代（1650年～1850年）

　　葡萄牙的時代結束後，阿拉伯人回到了東非。1650 年左右，阿拉伯雅魯布王朝的蘇丹和鄂圖曼帝國聯手驅逐葡萄牙，奪回了領土。他們以強大的海軍力量不斷南下，建立了阿拉伯唯一的海上帝國──阿曼帝國，統治到了十九世紀初。葡萄牙在敗給阿曼後撤退到了南方的莫三比克並開始進行殖民統治，直到 1975 年莫三比克才宣布獨立。

　　阿曼帝國占領了東非的索馬利亞、肯亞、尚吉巴和坦尚尼亞沿岸。其勢力範圍西南至阿拉伯半島南部一帶（包含阿拉伯聯合大公國、葉門南部的部分地區），東至伊朗南部，甚至是今日為巴基斯坦領土的俾路支省和信德省的沿海地區。阿拉伯再次控制印度洋。東非沿岸再次進入了阿曼－阿拉伯殖民統治時期。

　　1806 年，賽義德‧本‧蘇爾坦（Said bin Sultan）開始統治阿曼，阿曼帝國迎來了鼎盛期。賽義德‧本‧蘇爾坦掌握了波斯灣和東非海域的控制權，並與西歐列強展開了獨立外交。當時的阿曼帝國還積極與世界各國進行貿易，阿曼帝國的最大出口城市「尚吉巴」和馬斯喀特成了阿曼帝國的共同首都。

　　在控制肯亞和坦尚尼亞沿岸後，為了集中展開奴隸貿易，阿曼於 1839 年將首都遷到尚吉巴，加強了對東非的統

治。但在 1856 年賽義德・本・蘇爾坦去世後，其兒子分別繼承了不同地區的王位，而這最終導致阿曼帝國分裂。

西方列強對東非展開殖民統治（1890年～1918年）

十九世紀，阿曼帝國因王位繼承之爭而出現分裂跡象，英、法等西方列強趁虛而入。當時英國和西方列強出面調解阿曼蘇丹的王位繼承之爭、影響力增強，從此開始干涉阿曼內政。

1885 年，德國掠奪坦尚尼亞的領土，建立了德屬東非殖民地；義大利則接管了索馬利亞沿岸。尚吉巴戰爭後，包含肯亞在內的其他東非地區落入了英國手裡。東非遭西方帝國主義列強入侵，最終成了歐洲的殖民地。

《1980 年英德協定》結束了歐洲列強在東非展開的領土爭奪戰。1890 年，英國和德國就瓜分東非一事達成了協議。英國從 1890 年開始直接統治了尚吉巴，並從 1894 年開始直接統治了烏干達；德國則從 1891 年開始直接統治了坦尚尼亞。1895 年 7 月，英國宣布肯亞為其東非保護國，占據了東非的主導權。

03

擺脫殖民統治獨立：東非的現代史

非洲的綠洲：肯亞

　　肯亞是東非國家中收入最高的國家，面積約 58 萬平方公里，將近韓國的六倍[12]。雖然與印度洋接壤的地區地勢較低，但越往內陸走，地勢越向高原爬升。肯亞的高原區被東非大裂谷貫穿，其土壤在非洲具有最佳的生產力、相當肥沃。肯亞的首都奈洛比位於海拔約 1,660 公尺的高原。肯亞山的海拔則為 5,199 公尺，山上還有冰川。

　　肯亞被赤道橫貫，因此海岸地區屬於炎熱的熱帶氣候；內陸地區則因為地勢較高，而比較乾燥，並且越是往內陸走，氣候越乾燥。肯亞和坦尚尼亞交界處坐落著吉力馬札羅山，因此該地區的氣候比較涼爽。

　　1490 年左右，葡萄牙人登陸非洲東岸，並試圖在此建立貿易基地。但阿拉伯人早已將印度洋沿岸作為據點、進行奴

---

12 編注：肯亞的面積約為台灣的十六倍。

隸貿易，因此葡萄牙人與阿拉伯人展開了領土爭奪戰。到了十九世紀，英國和德國在肯亞展開啟了基督教傳教活動。

1824 年，英國以蒙巴薩地區為據點，擴大了傳教活動範圍和侵略勢力。1884 年，英國成立了不列顛東非公司，與德國爭奪殖民地，並且還鼓勵白人定居肯亞內陸的高原區。此後，高原區成了肥沃的農業區，英國開始禁止黑人進入該區域。1895 年，英國建設了一條連接肯亞蒙巴薩和烏干達的鐵路，當時其僱用了大批印度的中層管理人員。這成了許多印度人在肯亞扎根的契機。英國強迫勞動了無數名奴隸和印度人，最後於 1901 年建成了通往維多利亞湖岸的鐵路。

1907 年，英國將肯亞的行政中心從蒙巴薩遷到奈洛比，全面展開了殖民統治。1920 年，肯亞從英國的保護國變成了英國的直轄殖民地，英國還建立了原住民登記制度，剝奪原住民的自由，以此獲取勞動力。此後，英國不僅讓烏干達、坦尚尼亞和肯亞使用共同貨幣，還將這三國合併後進行了殖民統治。

肯亞多年來不斷要求獨立，並於 1919 年成立了東非協會。1950 年代左右，喬莫・甘耶達與肯亞最大的部落「基庫尤」成立「茅茅」（Mau Mau），展開了獨立運動。儘管曾遭英國鎮壓，肯亞最後還是在 1963 年 12 月 12 日宣告獨立。

1964 年 12 月宣布肯亞共和國獨立後，喬莫・甘耶達和賈拉莫吉・奧金加・奧丁加（Jaramogi Oginga Odinga）分別

被推舉為肯亞的第一任總統和副總統。1969 年，甘耶達在肯亞獨立後首次舉行的總統大選中當選為總統，並在平息自己的謀殺計畫後，透過獨裁統治鞏固了政權。

1978 年，甘耶達總統在執政十四年後因病去世，當時的副總統丹尼爾・阿拉普・莫怡（Daniel arap Moi）成了肯亞的第二任總統。莫怡總統約維持了二十四年的獨裁政權，但在2002 年的選舉中嚴重舞弊而三連任失敗，最終下臺。2002年，姆瓦伊・齊貝吉（Mwai Kibaki）結束了莫怡總統二十四年來的獨裁統治，當選為肯亞的第三任總統，實現了和平的政權交替。

但在五年後的 2007 年爆出了選舉舞弊爭議，當時連任成功的齊貝吉和總統候選人拉伊拉・歐丁嘉（Raila Odinga）發生衝突，引發了全國性的暴動和部落之間的濫殺濫傷。

2008 年，聯合國、坦尚尼亞和美國政府訪問肯亞，試圖斡旋。同年 3 月，拉伊拉・歐丁嘉任肯亞總理一職，成立了聯邦政府。據官方統計，這場衝突導致逾 1,100 人死亡，35 萬人流離失所。

2010 年 8 月，肯亞頒布新憲法，開啟了歷史新篇章。在第四次總統大選中，烏胡魯・甘耶達（Uhuru Kenyatta，第一任總統喬莫・甘耶達的兒子）和威廉・魯托（William Ruto）分別當選為總統、副總統。2017 年 8 月，烏胡魯總統以高達 54.27％的得票率連任成功，但由於歷經了選舉舞弊爭議等

波折，11 月 28 日才舉行了總統就職典禮，正式任職總統。
2022 年 8 月的總統大選中，威廉‧魯托當選為肯亞的第五任
總統。

即使歷代肯亞總統腐敗，美國和西方國家仍將肯亞作為
反共產主義的堡壘和反恐戰爭的前哨基地。雖然歐美國家對
外標榜民主主義，但他們實際上是以本國利益優先為前提，
對有利於本國的肯亞政府提供了援助。

從坦干伊加變成坦尚尼亞

今日的坦尚尼亞是由坦干伊加和尚吉巴合併而成的聯邦
國家。1964 年，坦干伊加（Tanganyika，1961 年獨立）和尚
吉巴共和國（People's Republic of Zanzibar，1964 年獨立）合
併成了今日的坦尚尼亞。坦尚尼亞位於非洲大陸東部、赤道
正下方。赤道地區太陽直射，因此形成了炎熱潮濕的熱帶雨
林氣候；靠近赤道的低緯度地區為全年炎熱多雨的熱帶氣候。
坦尚尼亞的面積約為 94.5 萬平方公里[13]，人口超過 6,000 萬，
其以吉力馬札羅山、塞倫蓋提國家公園、尚吉巴島等世界級
旅遊勝地聲名遠播。

坦尚尼亞 99％的居民為非洲裔。其中，95％為由 130 多

---

13 編注：坦尚尼亞的面積約為台灣的二十六倍。

個部落組成的班圖族。班圖族主要由 Sukuma 和 Nyamwezi 這兩大部落組成。坦尚尼亞居民中，63.1％信奉基督教、34％信奉伊斯蘭教、1.2％信奉傳統信仰。但超過98％的尚吉巴居民信奉伊斯蘭教。坦尚尼亞國土大部分為山區，可耕地面積僅占1％，草原面積占40％，森林面積占38％。坦尚尼亞過去十年持續實現了7～8％的經濟成長率，其以「2025年成為中等收入國家」為目標，制定了《坦尚尼亞發展願景2025》計畫，目前正在致力於國家發展。

1890年，坦干伊加淪為了英國保護國。1961年，坦干伊加獨立。1962年，坦干伊加共和國宣布成立。1963年，尚吉巴獨立，成了由蘇丹統治的君主立憲制國家，並加入了聯合國。十九世紀後葉，坦干伊加淪為德屬殖民地，當地原住民對德國的經濟和政治殖民政策做出了抵抗，抵抗聲浪在馬及馬及起義時達到了高峰。德國以此為契機，掌握了該如何進行殖民統治，並開始以間接統治的方式讓原住民長老統治當地居民。

坦尚尼亞的國父為坦尚尼亞的第一任總統朱利葉斯·尼雷爾（Julius Nyerere）。他將史瓦希利語指定為官方語言，盡可能減少了100多個民族之間的衝突。此外，他透過「烏賈馬」（坦尚尼亞社會主義）政策制定了土地公有制和糧食自給自足計畫。朱利葉斯·尼雷爾至今仍被坦尚尼亞人尊稱為「Mwalimu」（在史瓦希利語中指「老師」）。位於坦尚

尼亞經濟首都三蘭港的國際機場名也是取自他的名字。

坦尚尼亞的總統由國民直接選舉產生。坦尚尼亞的兩個政黨在 1995 年、2000 年、2005 年、2010 年、2015 年、2020 年舉行了總統大選。但其實，坦尚尼亞的執政黨並沒有交替過，只有總統每十年換人當。2015 年 10 月，執政黨「革命黨」的約翰‧馬古富利在當年的總統大選中成了新一任總統。

2015 年，馬古富利就任坦尚尼亞總統，推出了口號「努力工作」（Hapa Kazi Tu），並推動了反腐敗運動（包含剷除幽靈公務員、限制海外出差）和工業化，強調要讓坦尚尼亞成為「東非樞紐」。馬古富利總統強力推行公共改革和反腐敗措施，而獲得了「推土機」的稱號。為了讓坦尚尼亞擺脫數十年來積累的腐敗問題，特別是為了消除企業賄賂公務員的慣例，馬古富利總統付出了相當多的努力。但 2021 年 3 月，馬古富利總統因心臟病發作突然逝世。副總統薩米婭‧蘇盧胡‧哈桑（Samia Suluhu Hassan）接任總統職務，成了坦尚尼亞的第一位女總統。

非洲的綠色心臟：烏干達

烏干達之所以被稱為「非洲的綠色心臟」，是因為其大部分的土地為綠地。烏干達首都坎帕拉又被稱為「非洲的瑞

士」。烏干達農業擁有巨大的潛力，且超過70％的國民皆從事農業，因此其有望成為非洲的糧倉。近幾年，韓國企業在烏干達發現石油後參與了工廠建設事業，烏干達的工廠領域今後也將會有大量的合作需求。此外，烏干達森林資源豐富，又擁有維多利亞湖等眾多湖泊，所以自然景觀非常美麗，國民也很親切淳樸。

英國前首相溫斯頓・邱吉爾（Winston Churchill）曾讚嘆烏干達是「非洲明珠」、擁有得天獨厚的氣候條件和自然環境。烏干達為距離印度洋800公里遠的內陸國家，其在1962年脫離英國獨立後經歷了政變和內戰。

烏干達的第一任總理米爾頓・奧博特（Milton Obote）廢除了部族王國並宣布共和制，加強了總統的權力。1971年，伊迪・阿敏（Idi Amin）發動政變，在其執政的八年期間烏干達經濟崩潰，約30多萬人被殺害，人權慘遭踐踏。

伊迪・阿敏被冠上了「黑人希特勒」（Black Hitler）的稱號。他在1972年執政後驅逐了印度人。驅逐印度人只是為了轉移國民的不滿，這最終導致烏干達經濟崩潰，也埋下了日後阿敏政府垮台的種子。但烏干達之後積極實施了吸引印度人回流的措施，許多印度人回歸烏干達後，烏干達找回了活力。

1980年，米爾頓・奧博特在坦尚尼亞政府的支持下就任總統，但其上任後卻實行了恐怖統治和獨裁統治。1986年，

約韋里‧穆塞維尼（Yoweri Museveni）發動了武裝叛亂，自此就任烏干達總統並執政至今，烏干達再次恢復穩定。

　　但時至今日，烏干達內戰仍頻。烏干達內戰始於 1987年在烏干達北部地區發生的內戰，當時烏干達全國抵抗軍（政府軍）和名為「聖靈抵抗軍」（the Lord's Resistance Army，LRA）的基督教系反政府軍展開了內戰，至今仍反覆著激烈的戰鬥和屠殺，是非洲持續最久的一場內戰。

看起來相似，其實不然：盧安達和蒲隆地

　　盧安達和蒲隆地兩國曾在為獨立振奮不已時，討論過是否要組成聯邦國家，關係極為密切，且兩國經歷過相似的歷史。蒲隆地的官方語言「克倫地語」和盧安達語相近，兩者為同一語種中的方言。此外，兩國的民族結構也很相似。

　　自十二世紀以來，北方的遊牧民族「圖西族」統治了住在盧安達、蒲隆地和與兩國接壤的剛果東部地區、以農業為生的「胡圖族」。據說，蒲隆地是十五至十六世紀，從衣索比亞南下的圖西族王族統治胡圖族時所建立的王國。雖然盧安達和蒲隆地曾被合併為一個王國，但盧安達於 1962 年與蒲隆地分離並獲得了獨立。

　　當前盧安達的政權掌握在圖西族手中，蒲隆地的政權則掌握在胡圖族手裡。但 1960 ～ 1990 年，在盧安達得勢的是

胡圖族，蒲隆地則和之前一樣是圖西族得勢，這一點兩國有所差異。

　　歐洲列強殖民統治時期，盧安達和蒲隆地種族衝突頻發。在兩國發生的胡圖族和圖西族之間的種族大屠殺是非洲現代史上的悲劇。1962 年盧安達獨立後，占盧安達人口85％、人數較多的胡圖族，和僅占盧安達人口的 15％、人數較少的圖西族衝突加劇。1994 年，盧安達總統（胡圖人）遇害，胡圖族強硬派開始屠殺圖西族。當時有 100 萬人喪生，200 萬人淪為了難民。1994 年，盧安達內戰引發的種族大屠殺為非洲現代史上最慘絕人寰的一場衝突。

　　1895 年，德國將盧安達和蒲隆地合併為一國，進行了殖民統治。當時圖西族（約占人口的 10％）統治了人數較多的胡圖族（約占人口的 90％）。人數較多的胡圖族使用的語言為克倫地語（Kirundi），因此胡圖族又被稱為「Rundi」，這也是蒲隆地（Burundi）國名的由來。殖民政府的政策利用了人數較少的圖西族和人數較多的胡圖族兩族的關係，而這引發了現代史上嚴重的民族衝突。

　　蒲隆地的人口密度雖然沒有鄰國盧安達高，但其人口也相當密集。蒲隆地的官方語言為克倫地語和法語，是「法語國家及地區國際組織」的成員。蒲隆地會使用法語，是因為蒲隆地、盧安達和剛果民主共和國曾被比利時殖民統治。

　　盧安達的種族衝突波及到了蒲隆地，胡圖族被大舉驅

逐、殺害，進一步加劇了種族衝突。2005 年至 2020 年，皮耶‧恩庫倫齊薩（Pierre Nkurunziza）進行了鐵腕統治。2020 年，他因心臟病發作而猝死。在他死後舉行的總統大選中，執政黨候選人埃瓦里斯特‧恩達伊希米耶（Evariste Ndayishimiye）當選，並擔任蒲隆地總統一職至今。

曾被比利時殖民統治過的蒲隆地和盧安達讓我們看到了西方列強巧妙地挑起紛爭、實施利用種族衝突的統治策略，造成了多麼嚴重的後遺症。比利時扶持這個地區人數較少的圖西族（15％）、壓迫人數較多的胡圖族（85％），以「分而治之」的統治策略，讓雙方反目成仇，在兩個種族之間播下了紛爭和衝突的惡種。1962 年，盧安達和蒲隆地從比利時獨立，胡圖族和圖西族展開了激烈的權力鬥爭，並引發了大屠殺事件。

從象徵內戰的國家變成資通訊國家：盧安達

盧安達是一個位於非洲中東部的小國家，國土面積只有大約 2.6 萬平方公里。[14] 其北鄰烏干達，西接剛果民主共和國，南連蒲隆地，且四周不與大海相連。說到非洲，就會讓人想起鑽石和石油，但盧安達卻沒有任何這類自然資源。

---

14 編注：盧安達的面積約為台灣的○‧七倍。

2015 年，盧安達人口約為 1,300 萬人，與國土面積相比人口眾多，因此盧安達在非洲國家中人口密度排名前列。

十九世紀末（1895 年），盧安達與蒲隆地成了德意志帝國的殖民地。1919 年則成了比利時的國際聯盟託管地。比利時軍隊故意使人數較少的圖西族上層階級和胡圖族分裂，有效進行了殖民統治。當時，圖西人占大部分的上層階級實行了強迫勞動政策和高賦稅政策，而引起了占國民大多數的胡圖人的憤怒，為 1994 年爆發內戰時胡圖族對圖西族發起的大屠殺播下了惡種。

1962 年，盧安達從比利時獨立。1965 年，胡圖人開始一黨獨裁。在接下來的數年裡，數千名圖西人被屠殺，超過 15 萬名圖西人不得不逃到周邊國家避難。1994 年 4 月，朱韋納爾·哈比亞利馬納（Juvenal Habyarimana）總統的專機遭人擊落。在那之後的三個月裡，胡圖政府屠殺了 80 萬名圖西人和溫和派胡圖人。

盧安達獨立後，人數較少的圖西族和人數較多的胡圖族之間種族衝突不斷，流血衝突頻發。1990 年，盧安達爆發了兩族之間的內戰，並持續到了 1994 年。1994 年 4 月至 7 月，胡圖族和圖西族之間的內戰引發了盧安達種族滅絕事件。1994 年，新政府上台。2009 年，盧安達加入了大英國協。

保羅·卡加米（Paul Kagame）自 2000 年起任盧安達總統一職至今，其標榜強大的市場經濟，並果斷進行了改革，

使盧安達變成了非洲大陸的經濟典範。隨著以英語替代法語、實行主導改革的強勁發展政策，盧安達近幾年以 7％的增速實現了非洲最高的經濟成長率。卡加米總統曾經是非洲代表性國際組織「非洲聯盟」的主席。

04

東非是動物王國

東非即大自然本身，擁有得天獨厚的環境

　　東非不僅有非洲最大的湖泊「維多利亞湖」和非洲最長的湖泊「坦干依喀湖」，還有美麗的野生動物生態系統。此外，非洲唯一擁有粒雪和冰川的山脈「吉力馬札羅山」，維持著生態平衡、大自然規律運作的動物天堂「塞倫蓋提」，以及保留著原始面貌的「恩戈羅恩戈羅」皆坐落於東非。這裡同時也是稀樹草原上的戰士「馬賽族」的家園。

　　尚吉巴過去是奴隸貿易的根據地，現在則被譽為「印度洋的黑珍珠」，以白沙灘和碧綠的海水等資源吸引著遊客。

　　吉力馬札羅山也被稱為「非洲屋脊」，是非洲最高峰，非洲人視其為聖山。在史瓦希利語，「吉力馬札羅」（Kilimanjaro）意為「發光的山」或「白色的山」。每年都有數千名遊客來訪這座海拔 5,895 公尺的聖山。吉力馬札羅山有許多條登頂路線。光是供一般遊客使用的登山路線就需要耗費 5 ～ 7 天。登山客至少要有廚師、嚮導、高山協作員

這三名工作人員的幫助。如果登頂成功，遊客將領到一份證明書。

　　東非還有世界上規模最大又不可思議的火山口「恩戈羅恩戈羅」（Ngorongoro）。恩戈羅恩戈羅是 250 萬年前形成的火山口，1979 年聯合國教科文組織將其列為了世界遺產。

　　在馬賽語中，「恩戈羅恩戈羅」意為「大洞」，據說這個詞的由來是馬賽族養的牛脖子上的鈴鐺發出的聲響。恩戈羅恩戈羅為火山爆發後下陷的盆地，並不危險。其又被稱為非洲的肚臍、動物的天堂、太初之地。

　　據說，住在恩戈羅恩戈羅的只有馬賽族和動物。這裡是動物的天堂。一望無際的火山口極為壯觀。恩戈羅恩戈羅被如同屏風般的峭壁溫暖地圍繞著，屹立不搖地維持其獨特的生態系統。這裡既是生命之地，也是神祕之地，會不禁讓人聯想到伊甸園。此外，據說這裡的水終年不會乾涸。

　　有別於塞倫蓋提充滿了緊張感，恩戈羅恩戈羅的動物都很安詳。由於恩戈羅恩戈羅棲息著所有能在東非看到的動物，動物學家們對這裡充滿了興趣。據說，這裡有兩百多種動物住在一起，因此近親繁殖相當普遍。

　　這裡是名副其實的人類起源地，保留著最初的面貌。除了「非洲五霸」（Big 5，指獅子、豹、大象、水牛和犀牛），這裡還有斑馬、瞪羚、牛羚、河馬、鴕鳥、鬣狗、胡狼等各式各樣的動物。恩戈羅恩戈羅氣溫適宜、雨量適中，因此是

動物們的天堂。

　　恩戈羅恩戈羅水源豐富，火山口裡的草原上約棲息著三萬隻動物。湖泊附近能看到河馬和紅鸛等一百多種鳥類。

　　馬賽人會帶著牛群來到恩戈羅恩戈羅，餵牛喝水。像這樣，過去曾狩獵獅子的馬賽族也會與其他動物共享水源。大家在大自然中互相保持距離。這可以說是一個無形的約定。

動物王國：塞倫蓋提國家公園

　　塞倫蓋提國家公園裡有許多棲息在非洲最高峰吉力馬札羅山下的野生動物，聯合國教科文組織不僅將其列為世界自然文化遺產，還將其選為了新七大奇蹟。塞倫蓋提最有非洲應有的風景，這裡是野生動物的棲息地，也是對生物來說最炎熱的居所。塞倫蓋提國家公園的主人是動物，因此這裡是野生動物的天堂、動物的王國。

　　塞倫蓋提國家公園的面積大約是 14,763 平方公里。其北部與肯亞的馬賽馬拉動物保護區相連。歐洲探險家發現這個地方時，馬賽人早就已經在這裡飼養了家畜兩百多年。據說，歐洲人從馬賽人那得知這裡的地名意為「無盡的平原」後，為這裡取了一個發音與馬賽語類似的地名「塞倫蓋提」（Serengeti）。塞倫蓋提國家公園 75％的面積為坦尚尼亞西部，25％為肯亞西南部。雨季（11 ～ 5 月）時能在這裡看到

數以萬計的動物，就像是有人刻意到這放生的一樣。乾季（6～10月）時水源不足，為了尋找新的食物，成千上萬隻草食性動物會向北遷移到肯亞邊境附近，肉食性動物則會追在其後。

在塞倫蓋提國家公園裡，遊客乘坐的車輛只能走指定的路。會塞車的原因只有一個，那就是有動物出沒了。看到有動物擋在路中間，並不令人感到意外。有人說，他們會來到坦尚尼亞的塞倫蓋提國家公園，就是為了見證充滿生命力的非洲。在這裡，天賜的所有動物都會維持大自然原本的樣貌，就連人類也不例外。

獵遊（Safari）是非洲旅遊的精髓。「Safari」在史瓦希利語意為「旅行」，在馬賽語其意為「尋找動物的旅程」。在這裡，能看到成千上萬隻動物在遼闊無垠的草原上自由自在地奔跑。遊客能在大自然中看到平時在都市時必須去動物園才看得到的獅子、長頸鹿、大象等動物。

獵遊時，稀有動物當然比較有人氣。來到塞倫蓋提國家公園，非看不可的動物有大象、犀牛、水牛、獅子和豹。除了這五種動物之外，遊客還能看到斑馬、長頸鹿、黑斑羚等各式各樣的動物。

如果只是想來輕鬆一下，那從塞倫蓋提到坦尚尼亞的阿魯沙，只需要花三天左右的時間。馬賽馬拉也一樣，從肯亞的奈洛比出發，只需要三天左右。當然，如果要看得很細，

別說是三天了，就算花費好幾年也不可能看得完，如果只是想體驗一下，那倒是沒什麼關係。獵遊時，一邊在廣袤的草原上開車奔馳，一邊尋找動物，會覺得自己彷彿成了大自然中的一隻野生動物。

坦尚尼亞的獵遊並不是以眾多觀光客為對象，而是以少數 VIP 為對象設計的高價位旅遊商品。此外，坦尚尼亞沒有觀光巴士，也沒有常常會在中國旅遊景點看到的纜車。獵遊專用四輪驅動吉普車是唯一一種能在坦尚尼亞旅遊時搭乘的交通工具。國家公園不僅門票貴，園內旅館也很少，所以房價非常高。基本上獵遊規則規定遊客不能下車。開車只能開指定的車道，洗手間也非常少。在砂石路上行駛時，全身都會搖晃，不管遊客願不願意，都得接受「非洲按摩」的洗禮，感受從臀部傳到腰部的震動。

如果想看到非洲五霸，就得迅速移動。獵遊時，通常會在政府指定的保護區內開著四輪驅動吉普車移動，四處尋找野生動物的蹤影。

因此獵遊又被稱為「Game Drive」，「Ranger」（獵遊嚮導）們會到處移動，甚至用對講機交換動物出沒的消息，哪裡獵遊嚮導的汽車多，哪裡就一定有動物。

我在美國工作的期間，與家人一起去大峽谷、黃石等著名的國家公園旅行時發現，不僅是壯麗的景觀，當地的大自然原貌也都被保護得很好。露營、炊煮區劃分得非常明確，

而且別說是垃圾了，我在這裡連塑膠袋之類的東西都沒看過，所以我一直覺得美國國家公園管理得非常好。此外，指定區域內的設施所使用的建材多為自然資源，而非水泥、混凝土等人工建材。

　　非洲的收入水準無法與美國相比，所以我對坦尚尼亞並沒有抱太大的期待。但我到了塞倫蓋提和恩戈羅恩戈羅地區時，著實嚇了一跳。那裡連一家餐廳都沒有，遊客只能在指定的地點吃自帶的便當，垃圾也全都得帶回去，真的管理得很嚴格。非洲國家雖然財政匱乏，卻沒有濫用得天獨厚的旅遊資源，還管理得這麼好，實在是令人感激不已。

獵遊的精髓：大遷徙（Migration）

　　非洲獵遊的精髓就是大遷徙。大遷徙指數以萬計的動物為了尋找水、草和生命，而定期從坦尚尼亞塞倫蓋提和恩戈羅恩戈羅出發，遷移到肯亞馬賽馬拉和維多利亞湖附近。

　　坐落於肯亞、坦尚尼亞三國邊界的馬拉河是一大景點。坦尚尼亞的維多利亞湖和肯亞的馬賽馬拉國家公園棲息著大量的牛羚。牛羚是非洲的代表性偶蹄目動物，主要棲息於坦尚尼亞、尚比亞、肯亞等南非地區，棲息範圍相當廣闊。非洲草原的主角牛羚、斑馬、羚羊等草食性動物會根據熱帶莽原氣候的乾季和雨季，在塞倫蓋提和馬賽馬拉兩地之間遷

徙。

　　動物大遷徙的時期每年都不太一樣，但坦尚尼亞的塞倫蓋提和恩戈羅恩戈羅是 1 月至 3 月下旬，肯亞的馬賽馬拉則會在 7 月下旬到 10 月初達到高峰。綿延不絕的動物大遷徙是獵遊最大的看點。動物大遷徙時，四周會出現無數個黑點，密密麻麻到甚至讓人感到有些害怕的地步，壯觀無比的景象就此展開於眼前。

　　肯亞充滿生命力的「馬賽馬拉獵遊」被認為是非洲旅遊必不可少的一環。一年四季中，只有夏天才能見證到充滿生命力的牛羚大軍大遷徙的瞬間。

　　牛羚大軍會從 5 至 7 月遷移到馬賽馬拉，並在這裡住一段時間。到了 10 月中旬，才回到塞倫蓋提。

　　當地人稱這些奔騰的牛羚大軍為「馬賽的黑點」，也就是「馬賽馬拉」。許多牛羚會在大遷徙期間渡馬拉河時，變成河裡鱷魚的獵物。在領頭羊發出命令之前，其他的牛羚都只會探索要從哪裡渡河。牛羚大軍很多時候甚至兩三天都不會過河。活下來的牛羚群又得在遷徙的過程中，渡過其他滿是鱷魚的河。

　　在渡馬拉河時，掠食者和獵物會展開生死之戰。獅子、豹、鬣狗、獵豹等肉食性動物會跟著牛羚大軍一起移動。130 萬隻牛羚和 40 萬隻斑馬跨越邊境大遷徙時會造就出壯觀的景象。

　　牛羚平時會成群結隊,以數十至數百隻為單位一起移動。但大遷徙時,這個規模會逐漸擴大到數千至數萬隻。牛羚大軍的大遷徙始於 250 萬年前左右,至今仍在持續,其有著這個世界上獨一無二的特別之處。

05
東非也有印度

印度的後院，東非的印僑

　　印度和非洲是長久以來的貿易夥伴。東非從很久以前開始就是印度的「後院」。印度和非洲隔印度洋相望。對雙方來說，彼此都是連接歐洲和亞洲的重要據點。從地理位置上來看，東非和印度距離相近，因此東非是印度人相當積極進軍的一個地區。

　　我在非洲工作時，常常會遇到印度裔人和阿拉伯裔人。從事飯店、餐廳等服務業的人中，有許多印度人。每當我為了開拓市場而與當地買家見面時，印度裔和阿拉伯裔董事長總是比當地人多。說自己的爺爺的爺爺是印度裔或阿拉伯裔的人雖然皮膚不黑，但確實都是東非國家國籍的人。東非和印度裔、阿拉伯裔人就是有如此深的緣分。

　　從十九世紀英國殖民統治時期開始，就有大量的印度人移居到了非洲。西方列強為了殖民統治東非，引進了印度經驗豐富的勞工，而這成了建設肯亞－烏干達鐵路的基石。英

國殖民統治時期，曾在印度擔任過下層官員的勞工在非洲等英國殖民地擔任了中層官員，也有人選擇經商賺錢，印度人成了成功的移民群體。

近幾年非洲實現了經濟成長，且非洲和印度之間的交流自 2000 年代後迅速擴大。印度對非洲出口額超過 800 億美元。印度出口至非洲的產品有石油加工產品、車輛等運輸工具、醫藥產品，印度自非洲進口產品中，則以礦物資源為大宗。

印度的民族運動領袖兼國父莫罕達斯・甘地（Mahatma Gandhi）等知識分子也曾待過非洲。甘地曾在英國名牌大學倫敦大學學院留完學後，在南非的印度企業工作過一年，與非洲結下了緣分。在南非遭受的種族歧視成了甘地發起印度獨立運動的契機。

雖然東非早就已經擺脫了英國殖民統治，但至今仍有許多印度人住非洲。據估算，目前大約有 300 萬名印度裔住在東非。據悉，印度商人在肯亞、坦尚尼亞、烏干達分別掌握著 80％、70％、50％左右的市場。肯亞約有 10 萬名印度人，當地人都很清楚，如果想在東非展開事業，就必須與印度商人做生意。

印度的印僑就像中國的華僑。東南亞有華僑，非洲則有印僑。對中國資本產生巨大影響的華僑主要分布在東南亞地區，5,000 萬名華僑遍布全世界。按地區來看，泰國有 940

萬名、馬來西亞有 700 萬名、美國有 380 萬名、印尼有 283
萬名、新加坡有 255 萬名、緬甸有 163 萬名華僑。中國前領
導人鄧小平於 1978 年推行改革開放時，華僑作為推動經濟
發展的資金來源，做出了巨大貢獻。

　　印度的印僑人數不亞於中國華僑。據印度外交部估算，
目前共有 3,120 萬名印僑以非洲為中心遍布世界各地。以曾
為英國主要殖民地的肯亞為例，以旅遊為主要目的的「獵遊」
事業大多都有印度資本的參與。肯亞不僅到處都是印度遊
客，稀樹草原上的自助餐廳賣的也清一色都是印度料理。在
肯亞的首都奈洛比，如果想吃中國料理得花時間去找中國餐
廳，但印度餐廳隨處可見。印僑在印度企業投資非洲或進軍
非洲時，發揮著潤滑劑的作用。

當地人依舊感到反感　

　　韓國有句俗語叫「比起打人的婆婆，勸阻的嫂子更討人
厭」。在殖民統治時期，印度人長久以來以下層官員的身分
直接管理了非洲，非洲人到現在都還是對這些印度人抱持著
不友善的態度。再加上印度人在金融業、飯店業等各個領域
掌握實權，非洲人自然對他們產生了反感。我曾在坦尚尼亞
工作過，這裡也有很多人認為印度人只顧追求利益。如果覺
得有決策不合理而向當地人提出不滿，當地人有時候不會找

藉口，而是會直接回答「因為老闆是印度人」，而且還會用一副「印度人都只顧賺錢、不懂得體貼別人」的口氣。

　　印度人從很久以前開始就移民到了非洲，因此牢牢掌控著許多國家的金融業。特別是在東非國家，如果去看飯店、銀行等賺得了錢的行業，就會發現老闆或經營者大多都是印度人。隨著英國殖民地紛紛獨立，就和其他移民群體在一定程度取得成功時一樣，許多當地人對掌握著商業主導權的印度人抱持著不滿。

　　雖然有印度人會為非洲當地做出貢獻，但也有印度人會看不起非洲當地人，並且有只想死守自己的飯碗、不願與其他人共存的傾向。但也不能因為這樣，就把所有的印度人都趕出東非。烏干達就是一個很好的例子。1962 年，烏干達從英國殖民統治獨立時，國家還算運行得穩定。當時，在英國殖民統治時期來到烏干達的印度裔掌握著烏干達的經濟實權。但伊迪・阿敏（1971 ～ 1978 年）上台後，驅逐了原本住在烏干達的 5 萬名南亞人（印度人）。伊迪・阿敏不僅利用烏干達人對印度裔等少數移民群體掌控經濟實權感到不滿這點，迎合了烏干達人，還奪走了印度人的土地、房子、商店，將其送給了自己的追隨者。此外，伊迪・阿敏還在強制驅逐掌握經濟實權的印度裔移民後，將金融相關要職交給了自己的親戚和部下，來填補印度人的空缺。毫無金融知識的空降官員沒花多久的時間就摧毀了原本穩定運行的國家金融

和經濟。

印度商工總會在東非的坦尚尼亞有著巨大的影響力。不僅是各類事業領域，其在會計、諮詢等領域的表現也相當出色。進軍坦尚尼亞的韓國企業也大多認為印度人開的會計事務所水準比當地事務所高，因為印度會計事務所能保障提供客戶更好的品質。坦尚尼亞航空公司甚至還表示，飛往印度孟買和中國廣州的航線將會是其最先開通的新國際航線。

在非洲政府機關工作的公務員大部分都是當地黑人。比起第三代、第四代印度裔，非洲國家的政府比較希望僱用黑人。無論是政府任命的職務，還是具有象徵性的企業董事長一職，非洲政府都比較偏好黑人。也就是說，如果韓國企業想在當地建設汽車組裝工廠，政府會比較希望企業讓黑人當董事長，而不是選擇印度裔。換句話說，如果有「創造工作機會」等政策宣傳效果，非洲國家的政府會可能選擇當地人。但問題是，實際上有資金能力的人大多都是印度裔和中東裔。

雖然說選擇當地黑人會比較有利於與當地政府打交道，但如果他們不具資金能力，那毫無意義。這也正是主張非洲自主權的政治家們當前面臨的窘境。如果小覷印度人，東非的自生能力勢必會遭受巨大損失。

06
東非的語言：史瓦希利語

非洲最大的當地語言

　　非洲令人感到遺憾的一點就是本土文化並不多。無論是我曾去工作過的中國還是巴基斯坦，都有基於本土文化的歷史和文字。就連歷史較短的美國，也處處都能發現他們為了創造自己的歷史而付出了多少努力。但非洲大部分國家的本土特產都是類似的木雕，要找到各國的特色並不容易。這有可能是因為非洲社會大多以部落為中心，沒有聞名至今的古代王國。也許是因為這樣，與非洲人的自豪感、國家和民族相關的教育主題並不多。

　　不過東非有自己的當地語言，那就是史瓦希利語。美國前總統巴拉克‧歐巴馬（Barack Obama）名字當中的「巴拉克」（Barack）在史瓦希利語中意為「蒙神祝福的人」。迪士尼動畫《獅子王》裡的角色們的名字也源自史瓦希利語。《獅子王》裡的「辛巴」（Simba）這個名字在史瓦希利語中指「獅子」，狒狒的名字「拉飛奇」（Rafiki）則指「朋友」。

在東非的市場，常常會看到當地人一邊對外國人喊「Rafiki」一邊招攬客人。此外，廣為人知的「Hakuna Matata」這句話在非洲的史瓦希利語中，意為「一切都會好起來」。當地人非常喜歡說這句話，就連來到這裡的遊客都會在不知不覺間記住這句話、跟著音樂哼唱。

史瓦希利語是非洲最大的語言之一，也是最廣為人知的當地語言。其名稱來自肯亞、坦尚尼亞、莫三比克北部沿海地區的地名「史瓦希利」。史瓦希利語原本是住在東非沿海地區的史瓦希利族使用的語言，但現在成了東非地區的通用語。儘管坦尚尼亞有一百多種語言，史瓦希利語屹立不搖地成了其官方語言。

非洲地區並不是只有東非熱愛史瓦希利語。2018 年 9 月，南非共和國宣布將把史瓦希利語指定為學校的第二外語選修科目。也就是說，史瓦希利語、法語、德語和漢語皆為南非共和國學校的主要第二外語。南非共和國政府表示，史瓦希利語是繼英語、阿拉伯語之後在非洲最廣泛使用的語言，還讚揚史瓦希利語「具有讓非洲人團結一心的力量」。

此外，1986 年第一個獲得諾貝爾文學獎的非洲人、奈及利亞劇作家渥雷・索因卡（Wole Soyinka）和近幾年被認為是諾貝爾文學獎重要候選人的肯亞小說家恩古吉・瓦・提昂戈（Ngugi Wa Thiongo）等非洲的代表性文學家都表示，史瓦希利語將成為使非洲實現一體化的媒介。

從象徵殖民統治的語言，變成象徵獨立的語言

　　殖民統治時期，德國人為了傳教而發行了史瓦希利語的報紙，並推廣了史瓦希利語。德國傳教士將史瓦希利語納入了公共教育。英國在殖民統治時期延續了德國的作法，並基於德國引進的體系，進一步發展了史瓦希利語。1930年，英國收集了各種方言，將發音、語法、拼寫規則進行了標準化。當時，史瓦希利語是進行殖民統治時必不可少的語言。為了東非殖民地的行政和教育，英國還引進了英語。

　　此後，隨著非洲國家獨立，史瓦希利語成了象徵獨立的語言。坦尚尼亞的第一任總統朱利葉斯‧尼雷爾透過政策推廣了史瓦希利語。這是為了讓國民團結一心，並防止國民陷入部落主義。朱利葉斯‧尼雷爾將史瓦希利語指定為官方語言，並強調寫公文、演講時應使用史瓦希利語。1962年，作為新生共和國的第一任總統，朱利葉斯‧尼雷爾用史瓦希利語在國會進行了他的首次演講。1967年，坦尚尼亞政府和準政府組織建議，未來盡可能使用史瓦希利語。史瓦希利語走在坦尚尼亞國家建設的前沿，並與種族自豪感、烏賈馬、反殖民主義有關聯。作為反部落主義語言，史瓦希利語成為了「國民團結一心」的象徵。這也是為什麼史瓦希利語會被視為所有階層的人都在使用的現代語言。

　　史瓦希利語屬於班圖語支，該語支有大量的通用詞彙和

複雜的名詞類別系統。使用史瓦希利語的代表性國家為坦尚尼亞和肯亞，這兩個國家將史瓦希利語指定成了官方語言。烏干達、剛果民主共和國、盧安達、蒲隆地、馬拉威、馬達加斯加等地區也都在使用史瓦希利語。史瓦希利語在索馬利亞南部地區也是通用語。非洲聯盟甚至將史瓦希利語指定成了官方語言。阿曼也有使用史瓦希利語的居民。史瓦希利語中有大量的阿拉伯語借詞，現代史瓦希利語中則有許多英語借詞。史瓦希利語的語序與英語相似，動詞也會依人稱變位。史瓦希利語最大的語言特點是，它是一個以名詞為中心的語言。

據說，語言中深深蘊含著該語言使用者們的價值觀、世界觀和文化。史瓦希利語是東非共同體的官方語言。在東非一體化的趨勢中，史瓦希利語正在作為該地區的代表性語言，發揮著加強東非人的凝聚力的作用。如果非洲今後以非洲的政府間國際組織「非洲聯盟」為中心實現一體化，那史瓦希利語將會成為名副其實的「非洲大陸的語言」。

07
來到城市的馬賽人

連獅子都會畏懼的紅衣戰士

　　馬賽族充滿了原始的生命力，是非洲大陸最優秀的戰士。「住在東非草原上的遊牧民族」指的就是馬賽族。這個民族以身材高大、披著紅色披風、帶著好戰的眼神聞名。馬賽人過去非常勇猛，而且還是以華麗的飾品聞名全世界的眾多非洲民族之一。他們住在以粒雪聞名的吉力馬札羅山附近，也就是坦尚尼亞和肯亞邊境一帶，過著與現代文明隔絕的生活。馬賽人大多都在高山區以飼養牛羊維生。馬賽族還是一個信奉傳統信仰、維持著原始社會的少數民族。據估算，馬賽族總人口為 35 萬人，其中 25 萬人住肯亞，10 萬人住坦尚尼亞。

　　馬賽族又被稱為「非洲的驕傲」。即便是殖民統治時期，也沒有任何馬賽人淪為奴隸。因為馬賽人雖然在西方列強的槍枝大砲下戰敗，但他們拒絕屈辱地變成奴隸，而選擇了自盡。不過隨著時間的推移，馬賽族也不得不與現代社會共存。

遊客們在獵遊時，自然而然會訪問馬賽族的居住區。馬賽人不僅會在自己的村子跳「戰舞」給遊客看，還會讓遊客參觀他們神祕的傳統生活。此外，我們不難在坦尚尼亞的經濟首都三蘭港市中心的商業建築停車場，看到穿著馬賽族服裝的保全人員。曾是非洲的驕傲且以勇猛聞名的馬賽族，現在正在現代城市的建築裡當保全人員。

勇猛是馬賽族的象徵。馬賽族是一個勇猛到敢與獅子戰鬥的民族。雖然統計顯示馬賽人的平均身高為 177 公分，但有很多人比這還高。馬賽人身材高大又沒有贅肉，因此會讓人聯想到籃球選手。馬賽人必須在草原上保護家畜免受猛獸的攻擊，因此馬賽人很尊重戰士。遊客們在坦尚尼亞北部獵遊時，會看到身穿黑色衣服的青少年。這是馬賽族在準備舉辦成年禮。馬賽族的青少年會在成年禮之前離開父母，住在被隔離的宿舍，接受長期訓練和相關課程。

馬賽族多以 30 ～ 40 人為單位群居，過著氏族生活。馬賽族社會以男性為中心，實施一夫多妻制。女人負責擠牲畜的奶，男人負責餵養、保護牛隻。為了避免受到猛獸的襲擊，馬賽人會用荊棘蓋圍牆，並在居住區中央搭建圈養家畜的圍欄。也就是說，走進荊棘圍牆內側，經過房子，來到居住區中央，就會看到動物圍欄。

房子的出入口非常窄。為了避免猛獸入侵，馬賽人都會盡量把出入口做得很小。房子裡有好幾個房間，中間則有火

爐。馬賽族的住處沒有水電，也沒有廁所，而且鄰居都住得很遠，廁所還蓋在村子外面。這裡的女人會走數十公里的路去打水，而且早上一起來就會將牛乳擠到細長的桶子裡。

對馬賽人來說，家畜既是生命，也是銀行。因為家畜會替他們賺錢。馬賽族甚至有句俗語說「如果有獅子攻擊父親和小牛，記得先救小牛」。馬賽族是遊牧民族，因此會終年逐水草而居。此外，對馬賽人來說，牛糞和水一樣重要。馬賽人會將牛糞和水混合在一起，再將其塗在用樹枝架起的圍牆上，這樣房子裡會冬暖夏涼。馬賽人還會把牛糞當柴生火燒飯。據說牛糞裡殘留大量的草、燃燒速度慢，因此適合用來當柴生火煮飯。

馬賽族的主食是牛奶，成年人每天都會喝 5 ～ 6 公升。他們會將牛奶加熱、發酵後飲用。馬賽人還會喝牛血。他們會用尖銳的箭鏃在牛的脖子上刺出一個小孔、讓牛血流出來，並與家人共享這些鮮血。

馬賽人會身穿鮮紅色的衣服。他們認為耳垂越長，就越是俊男美女，因此會在 3 ～ 6 歲時打耳洞、戴上沉重的鐵製耳環。此外，馬賽人會以用華麗的飾品裝飾的戰袍和傳統風俗習慣，來吸引大批遊客。他們喜歡穿色彩鮮艷的衣服，並且會戴上繡有珠子、刻有圖案的項鍊、手鐲和耳環，來吸引遊客們的眼球。披在他們身上的鮮紅色和藍色披風「束卡」（Shuka）是他們的標誌。

　　說到馬賽族的傳統，當然不得不提馬賽族男人會跳的傳統舞蹈「阿杜姆舞」（Adumu）。這個舞蹈的跳法很簡單，其實就是「原地跳高」。男人們會排成一排，一邊跳舞一邊像是在展現自己的自尊心很高一樣，輪流原地跳。據說馬賽人會在原地垂直向上跳，是為了展現戰士勇猛的一面，而且這裡蘊含著馬賽人想接近天空的夙願。這個舞蹈當然也有展現出「男性美」來誘惑女性的目的。跳得越高的人，越受女性歡迎。跳得高意味著腿很結實健康。阿杜姆跳得越好的人，跳得越高、越筆直。我們還能從這個傳統舞蹈中看出馬賽族男人的氣魄。馬賽族男人會手執木棍，輪流向天空往上跳，女人則會微微屈膝，一邊扭動脖子，一邊唱歌跳舞。

馬賽族帶來的經濟效益

　　很多商品名中都有「馬賽」這個詞。幾年前流行的「馬賽鞋」就是一個代表性的例子。也有不少書將「馬賽走路法」當作主題，主張挺直背走路能將脊椎關節的負擔降到最低並緩解疲勞，而用來矯正姿勢的功能性鞋子「馬賽健走鞋」也曾被當作用來孝敬長輩的禮物。

　　但馬賽健走鞋的發明者和馬賽族沒有任何關係。我們所熟知的健走鞋其實是一家瑞士公司開發的鞋子。大部分的馬賽人穿的都是用廢輪胎做的一般拖鞋或夾腳拖鞋。

　　代表馬賽族的五顏六色的珠子、連身裙、健走鞋、皮革製鞋子等每年能賺進數十億美元的馬賽產品正不斷湧入市場。有人估算，未經過馬賽人同意就生產這類商品的公司多達一萬家。2012 年，路易・威登在巴黎時裝秀中推出了馬賽風格的圍巾和衣服，而被批模仿馬賽族的傳統服裝「束卡」。問題是，雖然這些產品使用了「馬賽」這個部落名，馬賽人卻沒有獲得任何報酬。有人認為，為了維護馬賽人的權利，應該要為現代版的智慧財產權之戰做好準備。但這樣不僅要得到所有馬賽族部落的同意，還無法保證一定能勝訴。

　　也許非洲最優秀的戰士有所改變是無法避免的事情。不過，看到馬賽人不再從事畜牧業和狩獵，搬離家園、努力賺取旅遊業收入，總覺得有點可惜。馬賽人過去擁有廣闊的領土。若以吉立馬扎羅山為中心，馬賽人的活動範圍北至肯亞全境、南至坦尚尼亞中央一帶、西至維多利亞湖。但在引入西方文物後，馬賽人開始朝旅遊業發展，經濟模式發生了改變。受此影響，馬賽人的生活範圍正在縮小、勢力正在衰退。馬賽族就跟非洲的其他兩千多個民族一樣，正在被現代文明同化，他們的傳統文化也正在消失。

08
東非的生命之源

尼羅河的源頭：維多利亞湖

2018 年 9 月，非洲發生了一起翻船事故。當時，一艘渡輪在非洲最大的湖維多利亞湖翻覆，至少有 136 人死亡。1996 年，也發生過一起渡輪翻覆事故，當時的死亡人數高達 800 多人。在 2012 年發生的渡輪沉船事故中，有 144 人失蹤、死亡。會發生船難，很有可能是因為船舶老舊、乘客和貨物超載。實際上，這種船難經常會在落後國家發生。

非洲缺乏水資源，因此湖泊非常重要。非洲有三大湖：坦干依喀湖、馬拉威湖和維多利亞湖，這些湖都位於東非。湖泊不僅有魚，還會為周圍田野中的莊稼提供水分，讓草木變得青翠，並成為野生動物和鳥類的家園。此外，湖泊還有連接湖岸城市的定期航線在運行。航行於湖泊的船隻在內陸交通中發揮著重要的作用。

維多利亞湖位於非洲大陸中東部的高原地帶，是非洲最大的湖泊，也是世界三大淡水湖之一。維多利亞湖橫跨坦尚

尼亞、烏干達、肯亞這三個國家，猶如東非的生命線。維多利亞湖為白尼羅河的源頭，因此也是尼羅河的源頭。從維多利亞湖流出的湖水會流經里彭瀑布後流入尼羅河。位於下游約 3 公里處的歐文瀑布建有水壩，是東非最大的水力發電站。

　　維多利亞湖就在烏干達、坦尚尼亞、肯亞這三個國家的邊界上，其平均水深為 40 公尺，最深處為 83 公尺，深度並不是很深。

　　坦干依喀湖位於坦尚尼亞西部，不僅是僅次於維多利亞湖的非洲第二大湖，還是僅次於貝加爾湖的世界第二深湖。其湖水會在流入剛果河後流入大西洋。坦干依喀湖橫跨蒲隆地、尚比亞、剛果民主共和國、坦尚尼亞這四個國家。在其總面積中，剛果民主共和國占 45％、坦尚尼亞占 41％，兩國占比最大；蒲隆地和尚比亞則分別占 8％、6％。坦干依喀湖的東部大部分在坦尚尼亞，北部則在蒲隆地。坦干依喀湖是一個國際湖，沿岸各國的輪船都有定期航線。

　　馬拉威湖位於馬拉威、莫三比克和坦尚尼亞的交界處，是非洲第三大湖、世界第九大湖。由於蘇格蘭探險家兼傳教士大衛・李文斯頓（David Livingstone）發現了這個湖，因此使用英語的地區又稱這個湖為「李文斯頓湖」。

維多利亞湖因殖民統治而付出的代價

　　維多利亞湖是英文地名。當地人稱維多利亞湖為「尼揚扎湖」（Nyanza），阿拉伯人則稱其為「烏凱雷韋湖」（Ukerewe）。對當地人來說，湖不僅是上天賜予的禮物，還是生命線。有 3,000 萬人住在湖泊附近、靠湖維生。因此，湖泊附近的人口密度相對較高。

　　1858 年，英國的探險家約翰‧漢寧‧斯皮克（John Hanning Speke）為了歌頌英國維多利亞女王，而將該湖泊命名為維多利亞湖。當時的歐洲探險家無視了非洲當地人使用的湖泊名和瀑布名，一副自己是第一個發現這些地方的人，任意取了歐洲式的地名。所以「維多利亞湖」這個名字可以說是傲慢的產物。

　　維多利亞湖裡的魚類也一樣。原本維多利亞湖裡棲息著慈鯛等各式各樣的魚類。1900 年中期，肯亞還在被英國殖民統治時，維多利亞湖裡的魚體型較小，因此沒有商品價值。於是英國人放養了一種叫尼羅河鱸的超大型肉食性魚類。尼羅河鱸的原產地為非洲北部，最長可達 2 公尺、重達 200 公斤以上。其味道鮮美，且體型龐大、能提供大量的魚肉，因此商品價值很高。

　　但這擾亂了維多利亞湖的生態系統。尼羅河鱸吃光了維多利亞湖裡的所有魚類。草食性慈鯛一消失，藻類、水草開

始大量繁殖，而隨著過多的水草腐爛，湖底堆積了淤泥。此外，隨著綠藻大量繁殖，湖水成了死水。此後，捕食蚊子幼蟲的肉食性慈鯛也開始消失，這導致蚊子滋生，瘧疾在周邊地帶肆虐開來。

到了 1990 年代後葉，維多利亞湖裡幾乎再也無法找到原生慈鯛。也就是說，維多利亞湖裡的兩百多種原生慈鯛絕種了。獵物一消失，尼羅河鱸開始自相殘殺，數量隨之減少。最後，曾盛極一時的漁業走向衰落，維多利亞湖的生態系統也完全崩潰。隨著湖水變成死水，附近的居民也患上了水媒傳染病和皮膚病。坦尚尼亞政府正努力在聯合國和環境組織的幫助下，解決這個問題。這個例子讓我們看到了無視當地文化和生態系統，一下子就引進西方國家的東西，會付出多慘痛的代價。

第四章

成功之道：知己知彼，百戰百勝；
不夠了解，就會全盤皆輸

01
想吃大象，先切成小塊

非洲可以用「多樣性」和「廣闊」這兩個詞來形容。非洲土地遼闊，並由各式各樣的國家組成。雖然非洲整體上來說有作為一個洲的一致性，但其通用英語、法語、葡萄牙語、史瓦希利語等一千多種語言。此外，非洲約有三千個部落，多樣性非常高。

非洲各國的經濟規模、營商環境、殖民地影響力各不相同。我們必須接受非洲的多樣性。也就是說，我們不能只以一個標準認識非洲。

非洲有句俗語：「想要吃大象，最好的方法就是切成小塊。」想要解決非洲的問題，最好的方法就是循序漸進解決問題。

我在美國工作時，曾因為發現每個州都有不同的文化和制度而大吃一驚。每當跨越州界，車牌號碼和道路邊的裝飾就會變得不一樣，每個州都有各自的氛圍。此外，每個州的行政系統也都不太一樣。以考駕照為例，每個州都有自己的一套政策。中國雖然不像美國有這麼大的差異，但和美國一

樣，每個省都有其特有的氛圍。非洲面積比美國大好幾倍，並擁有五十幾個國家，因此這個特點更加突出。擁有快速實現工業化經驗的韓國企業通常會有把非洲視為一體、想找出各國共同點的傾向。這很容易使企業從第一步就踏錯。舉例來說，非洲供電不穩，也沒有完善的使用指南和維護人員，因此不管設備有多先進，在非洲都毫無用處。

　　非洲市場有別於我們所熟悉的一般市場。其規模還小，正常營商的歷史也不長。我們不能因為我們正在奔跑，就強迫非洲跟著一起跑。非洲如果要跑起來，就必須先學會如何走路，在那之前，還得先學會如何站穩。就像我們不能要求一個連走路都不會走的人跑步一樣，我們應該考慮到非洲的潛力和多樣性，妥善分析各國國情，並探索能夠攜手共進的方法。

擁有多種面貌，必須加以劃分才能認識

　　當我們不了解某個事物時，會籠統地為它下定義。非洲擁有多種面貌，具有高度的多樣性。這也就是為什麼我們必須劃分地區認識非洲。企業如果想進軍非洲，就必須考慮到這一點，但也小心不要以偏概全，擅自認定非洲國家的現況會與同一類型的國家相似。非洲面積廣闊，多樣性遠超過其擁有的國家數，企業必須接受這個事實，才有助於準確掌握

現況、制定進軍策略。

　　首先，我們可以從多樣性角度出發，將非洲國家分成四
大類：已實現工業化的國家、出口石油等資源的國家、進入
工業化初期的新興成長國家、最低度開發國家。就算是同一
類型的國家，各國還是有各自的特色。

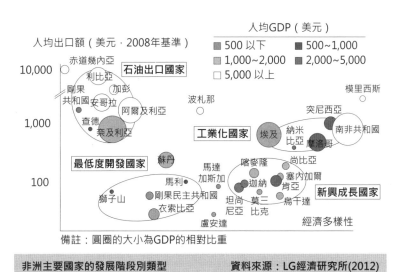

備註：圓圈的大小為GDP的相對比重

非洲主要國家的發展階段別類型	資料來源：LG經濟研究所(2012)

以平均經濟成長率和人均 GDP 細分市場

市場階段	特徵	目標領域
已成熟	穩定成長	高級消費品 發掘利基
成長中	推動工業化 經濟高度成	工業化需求 優勢領域
未成熟	政治、經濟不穩定	結合有償和無償援助

　　此外，我們有必要根據收入水準劃分經濟區域。消費者偏好的商品會因為收入水準而有所差異。舉例來說，我們可以大致將非洲國家劃分成：引領非洲的國家和處於工業化初期的國家。引領非洲的國家經濟水準和工業化水準高，企業能進軍這些國家的社會間接資本（Social Overhead Capital，SOC）和 IT 事業領域。相反地，處於工業化初期的國家經濟實力和工業化水準比較低，因此正在積極建設基礎設施。衣索比亞、象牙海岸、剛果民主共和國、坦尚尼亞就是這類國家。

　　非洲國家也能根據使用的語言分類，因為語言是一個國家的文化根基。如果依地區分類，曾被同一宗主國殖民統治過的國家會有相似之處。雖然隨著網路普及，英語正在逐漸成為世界通用語言，這種相似之處不再那麼明顯，但曾被同一宗主國殖民統治過的國家不僅語言、文化相通，很多時候還會透過商業網路緊密相連，因此有利於企業進軍這些國家。與法國有直接或間接關聯的同盟國不僅會使用類似的貨幣，還會在金融、外匯、關稅領域建立共同合作關係、保持團結。在非洲，被最多國家指定為官方語言的外語不是英語，而是法語。非洲的四大語言是法語、英語、阿拉伯語和葡萄牙語。

官方語言	國家
英語	14 個南非國家、7 個東非國家（也使用史瓦希利語）
阿拉伯語	5 個北非國家、蘇丹、厄利垂亞、吉布地、摩洛哥
法語	7 個中非國家（包含蒲隆地、盧安達）、3 個位於印度洋的島嶼國家（馬達加斯加、模里西斯、葛摩群島）
葡萄牙語	莫三比克、安哥拉、維德角、幾內亞比索

我們目前還沒有足夠的資訊為想在非洲展開新商業活動的企業解開所有疑惑。雖然非洲市場的成長潛力和宏觀經濟環境相關資訊會對企業有幫助，但這些資訊卻很容易導致企業以偏概全。想進軍非洲的企業最好先根據非洲的整體趨勢決定方向並依地區細分市場後，再制定具體的策略。

非洲中的非洲

依地區劃分非洲是最直觀的一種方法，不過劃分方法其實有很多種。最簡單且廣為人知的劃分方法就是分成五個地區：東、西、南、北、中部。我們腦中會浮現的非洲通常都是西非、南非和中非，而不是北非和東非。中南部非洲指的則是撒哈拉沙漠以南地區。

北非是歐洲、非洲和中東的交匯處。南非擁有不像非洲的異國風情，這是南非引以為豪的一點，也是南非的一大資

源。東非擁有東非大裂谷造就的壯麗景色。西非擁有非洲約三分之一以上的人口，是一個巨大的市場。

非洲這塊巨大的大陸還能分成撒哈拉以北和撒哈拉以南。撒哈拉以南是我們腦中會浮現的非洲，而撒哈拉以北與地中海、中東相似。北非的摩洛哥和埃及文化與中東的沙烏地阿拉伯、伊拉克相似，但與撒哈拉以南的奈及利亞、肯亞大不相同。撒哈拉以北正在將石油美元作為武器，撒哈拉以南則正在透過顯著的發展打開巨大的消費市場。

北非：究竟是非洲、中東還是歐洲？

北非與東非、西非、南非、中非有很大的差異。北非位於撒哈拉沙漠以北，比起撒哈拉以南非洲，其文化更接近阿拉伯文化和歐洲文化。

北非曾被法國殖民統治，因此文化比較傾向於西方。與歐洲地理位置相近也是其中一個因素。北非主要使用的語言為阿拉伯語，居民多為穆斯林。雖然北非位於非洲，但與撒哈拉沙漠接壤。這也就是為什麼大家會說北非「頭在歐洲，胸在阿拉伯，腿在非洲」。

北非由馬格里布（Maghreb）地區的多個國家和埃及組成。在阿拉伯語，「馬格里布」（Maghreb）意為「西方的島」，是對非洲西北部的統稱。馬格里布地區由利比亞、突

尼西亞、阿爾及利亞、摩洛哥和茅利塔尼亞組成，不包含埃及。這些國家主要為伊斯蘭國家，官方語言為阿拉伯語，多沙漠和高山區，居民主要從事遊牧和小規模農業。

北非擁有豐富的資源和優秀的勞動力，因此正在成為新的經濟基地，也擁有較高的收入水準。此外，橫跨摩洛哥、阿爾及利亞、突尼西亞等國家的馬格里布地區與法國有著紐帶關係。

在馬格里布國家中，摩洛哥因為鄰近歐洲，而希望加入歐盟。摩洛哥與歐洲的西班牙隔直布羅陀海峽相望，兩國相距最短的距離只有 14 公里。從地理位置上來看，摩洛哥位於非洲，但其有著強烈的歐洲氛圍和阿拉伯氛圍。

我們通常不會視北非的核心國家埃及為典型的非洲國家，因為埃及有著「人類文明發源地」的形象，而且其曾集結阿拉伯世界與以色列展開戰爭，而又有著強烈的「阿拉伯世界霸主」的形象。

西非：以奈及利亞為代表的資源寶庫

西非是人力資源和物質資源的寶庫。非洲約三分之一以上的人口都集中在西非。西非從數百萬年前開始就進行了奴隸、黃金和象牙貿易。大多數的西非國家使用法語、信奉伊斯蘭教。由於英國和法國曾在這裡全面展開殖民統治，因此

大部分的西非國家都能夠使用英語和法語。

奈及利亞是西非的代表國家，也是非洲地區擁有最多人口的國家，其人口多達 2 億人，占非洲總人口約七分之一。奈及利亞領土廣闊且資源豐富，因此可說是充滿了成長潛力的國家。

奈及利亞是撒哈拉以南非洲中第一個加入石油輸出國組織（OPEC）的國家。其原油儲量在非洲國家中排名第二、僅次於利比亞，石油儲量排名全球第十，天然氣儲量排名全球第七，鉭（Ta）和鈮（Nb）儲量排名全球第三。石油占其出口總量的 90％，其他正在出口的地下資源有煤炭、鈮鐵礦和錫。

若回顧奈及利亞的政治，其從 1900 年開始被英國殖民統治，1922 年成了國際聯盟託管地，1960 年 10 月獨立成了英國聯邦。1960 年獨立後，奈及利亞結束了長達多年的軍事統治。2015 年，穆罕馬杜・布哈里（Muhammadu Buhari）結束了自 1999 年第一位民選總統就任後長達十六年的軍政，成功實現了民主政權的交替。奈及利亞正在落實民主主義，並且在經濟、社會等領域穩步發展。

南非：非洲中的歐洲──南非共和國

南非包含安哥拉、納米比亞、波札那、辛巴威、尚比亞、

莫三比克、史瓦帝尼、馬拉威、南非共和國、賴索托、馬達加斯加、模里西斯等國家。

　　南非的代表國家南非共和國又被稱為「非洲中的歐洲」。南非共和國不僅代表南非，還代表整個非洲。其總人口5,804萬人（2023年）中75％為黑人、13％為白人，還有被稱為「有色人種」的混血兒、中國人和印度人。眾多人種居住於此，因此這裡有各種文化共存，南非共和國也因而被稱為「彩虹之國」。1652年起，荷蘭人不斷移居南非共和國，並自稱「布爾人」（Boer），該詞在荷蘭語中意為「農夫」。

　　此後，南非共和國原住民和布爾人不斷發生衝突。十八世紀後半葉開始，英國人不斷入侵南非共和國，1814年開普敦成了英國的殖民地。之後，南非共和國從譴責「南非種族隔離」（Apartheid）制度的英國政府獨立，並於1961年5月宣布成立南非共和國。

　　南非共和國雖然在非洲國家中經濟最發達，但過去曾因為實施種族隔離政策，而受到國際社會的譴責，並被踢出了聯合國，在政治、經濟上長期被孤立。但南非共和國第一位黑人總統納爾遜・曼德拉（Nelson Mandela）在1994年就任後廢除了種族隔離政策，南非共和國也因此恢復了國際地位。納爾遜・曼德拉是南非共和國歷史上最德高望重的一名總統。

　　辛巴威昔日有「非洲糧倉」之稱，是一個曾向全世界

出口糧食的富裕國家。但前任總統勞勃‧穆加比（Robert Mugabe）在任時，辛巴威因為實行無償提供土地等的社會主義政策，且反外資情緒高漲，而經歷了經濟困難。此後，辛巴威濫發貨幣、物價不斷暴漲。直到 2017 年軍事政變爆發，才終於結束了長達三十七年的獨裁。

艾默森‧姆南加瓦（Emmerson Mnangagwa）為繼穆加比之後的下一任辛巴威總統，其在前任總統穆加比任職期間擔任副總統，直到 2017 年 11 月。雖然姆南加瓦在當選後承諾將重建經濟，但因為外匯不足、失業率高、外國人投資不足等原因，辛巴威的經濟問題依然很嚴重。2018 年 11 月，日用品短缺引發了大規模的反政府示威。2019 年 1 月，教師們展開了罷工，要求加薪及以美元支付。

尚比亞是被九個國家包圍的內陸國家，也是大英國協成員國，其以世界第四大銅生產國聞名。1975 年 10 月，以三蘭港（坦尚尼亞的港口）為起點的坦贊鐵路在中國的援建下開通，尚比亞主要都是透過三蘭港港進行物流活動。1855 年，英國探險家大衛‧李文斯頓在尚比西河探險時發現了維多利亞瀑布。這個瀑布位於尚比亞和辛巴威邊境，因此這兩個國家皆能看到維多利亞湖。

安哥拉經歷了近三十年的內戰，對我們來說一點也不陌生。內戰結束後，安哥拉基於原油出口，呈現出了持續成長的趨勢。此外，安哥拉還基於大規模的原油出口，成了非洲

第七大經濟體。其宏觀經濟也呈現出了非常快的成長趨勢。但 2014 年，國際油價下跌，安哥拉的經濟開始跌入谷底。2016 年起，安哥拉經濟開始萎縮，其向國際貨幣基金組織申請了紓困貸款。

安哥拉財政惡化、噩耗層出不窮，但還是得到了營商環境比其他非洲國家良好的評價。安哥拉是非洲的主要石油生產國，被認為是安哥拉的主要風險又曾因為獨裁而蔓延的「腐敗和貧富差距」問題也正在得到改善。現代汽車宣布於 2019 年 3 月繼東非的伊索比亞之後在安哥拉建汽車工廠。

莫三比克曾被葡萄牙殖民統治，因此其將葡萄牙語指定成了官方語言。首都馬布多到南非共和國邊境為兩個小時的車程，南非共和國的物流網路甚至通達莫三比克。十五至十六世紀，莫三比克在葡萄牙人的殖民統治下取得了發展。由於與印度洋接壤的海岸線很長，莫三比克的港口城市很發達。莫三比克過去曾被當作前往印度、馬六甲、摩鹿加群島、中國、日本時會經過的轉運站和補給港。此外，莫三比克東北部發現了本世紀規模最大的海上天然氣田（證實蘊藏量為 187TCF），如果天然氣田開始全面生產，莫三比克經濟將有望恢復。

馬拉威是一個小型內陸國家，被坦尚尼亞、尚比亞、莫三比克這三個大國包圍。其擁有一座既是非洲第三大湖又是世界第十大湖的馬拉威湖。馬拉威很早就被英國殖民統治，

是世界上最貧窮的國家之一，產業基礎設施脆弱，文盲率也很高。馬拉威主要依賴農業，但作物多為菸草，有許多跨國菸草公司都有在馬拉威設加工廠。

除此之外，非洲東側的印度洋有許多度假勝地。其中，島國塞席爾被譽為「地球上的第一個樂園」。塞席爾位於肯亞以東 1,600 公里處，是一個得天獨厚的旅遊景點，由 115 個島嶼組成。保存完好的古老原始森林和生物、各種海洋生物和珊瑚都相當有名。英國 BBC 還將這裡評選為「死前一定要去的天堂」。印度洋上崛起的一條龍模里西斯則是一個位於非洲東側印度洋西南部的島國，其與南非共和國東北部距離 2,000 公里，與馬達加斯加東部距離 800 公里，位於印度洋的中心。

馬達加斯加是世界第四大島嶼。據推測，馬達加斯加是八千萬年前從非洲大陸分離出來的一部分。今日的馬達加斯加距離非洲大陸 400 公里，棲息於此處的動物中，80％是其他地區沒有的特有種，充滿了神祕感。好萊塢動畫電影《馬達加斯加》的題材正來自這裡。

東非：沉睡的龍崛起，不斷取得高度成長

東非是「動物的王國」。此處有我們所熟悉的塞倫蓋提、馬賽馬拉、恩戈羅恩戈羅、吉力馬札羅山。這裡還是以非洲

草原為舞台的電影《遠離非洲》的拍攝地和動畫電影《獅子王》的舞台。

如果說埃及是尼羅河賜予的禮物，那麼東非就是東非大裂谷賜予的禮物。東非大裂谷是以前板塊運動時，地殼脆弱的部分斷裂而形成的地區。因為這個裂縫，這裡到現在都還是有著陷落的深谷和聳立的高山，如非洲最高峰吉力馬札羅山。橫跨肯亞和坦尚尼亞的維多利亞湖是世界第二大淡水湖，僅次於俄羅斯的貝加爾湖。這個湖泊是東非大裂谷和火山活動賜予的禮物。據推測，起源於非洲的人類沿著東非大裂谷遷徙到了亞洲和歐洲。

東非與印度洋接壤，因此自古以來就是貿易中心。十三世紀，阿拉伯在坦尚尼亞沿海地區建立了奴隸貿易國尚吉巴。十五世紀，葡萄牙憑藉著強大的海軍力量，沿非洲東岸建設了定居點。坦尚尼亞的基爾瓦自辛巴威進口黃金後，在十五世紀時作為貿易據點迎來了巔峰期，當時盛行象牙和奴隸貿易。1890 年代後期，歐洲人開始全面開發東非並流入這個地區。帝國主義列強自此頻繁入侵東非。

東非的肯亞、坦尚尼亞、盧安達、烏干達自稱兄弟國家，彼此關係相密切。這些國家皆在 1960 年代初獨立，殖民統治時期的遺產成了經濟的基礎，但也成了阻礙現代經濟發展的絆腳石。此外，由於這些國家在獨立前曾被英國殖民統治，因此其政治、經濟、教育體系與英國非常相似，官方語言也

都是史瓦希利語和英語。雖然是不同的國家，但它們在歷史、文化、經濟方面有很多相似之處。

與周邊國家蘇丹、索馬利亞、剛果相比，這些國家落實了民主政治制度，因此進入了政治、經濟較為穩定的階段。這些國家為東非的核心國家，因此進軍東非前必須先認識這些國家。此外，這些國家正在積極討論經濟共同體相關事宜。2023 年 12 月，東非共同體在索馬利亞加入後，成員國變成了八個。東非共同體正在準備發展成一個巨大的單一消費及投資市場。

除此之外，東非共同體正在致力於成立關稅同盟，並計畫未來像歐盟一樣使用單一貨幣，甚至成立政治聯盟。東非共同體關稅同盟從 2005 年開始生效，區域內關稅同盟國家之間的貿易以「建立單一市場」為目標實施零關稅（0％）；區域外國家的進口商品則適用不同的關稅稅率，原輔材料為 0％、中間財為 10％、消費品為 25％。與烏干達、坦尚尼亞相比，肯亞的商業發展得比較成熟，因此設有寬限期，但從 2010 年起，除了部分商品外，其他所有商品都已適用零關稅。此外，《建立東非共同體共同市場協議》已在商品、服務、資本、勞動等所有領域生效，未來還會就使用單一貨幣進行協商。

02
要開發符合非洲市場需求的商品

在非洲也必須進行在地化

　　非洲有句俗語：「一根手指打不了鼓。」想要打鼓必須拿著鼓棒，但一根手指是握不了鼓棒的，至少要有兩根手指，也就是說，如果想做某件事情，必須付出最基本的努力。

　　要在某個國家販售商品，當然就得反映當地人的喜好。如果不考慮當地消費者的喜好，只販售標準化的單一商品，會很難與其他遍布全世界的商品競爭。企業應開發能滿足當地消費者的商品。但我在非洲時發現，有許多企業會帶著過時的產品，也就是夕陽產品找上非洲。畢竟非洲是發展中國家，所以企業可能會認為這是一個能處理過時庫存商品的機會。但每個市場都有它的特點。企業理當做好為不同市場開發不同商品的準備。這就是為什麼會說一根手指打不了鼓。

　　非洲境內的商品雖然並沒有那麼多樣，但還是有各種商品。隨著手機服務普及，最尖端通訊裝置甚至滲透到了非洲最原始的村子。非洲無論到哪都能使用網路銀行服務。非洲

成長速度快，收入也正在增加。這塊大陸擁有巨大的潛力，消費者市場（尤其是中產階級消費者市場）正在成長。非洲消費者的購買力比我們想得高。

　　非洲是一個充滿活力的市場，無論是高級品還是生活所需的日用品，非洲正在為各種產品提供機會。高價位市場正在為高級品提供機會，而低價位市場正在為價值導向的產品提供機會。但喜歡高價位產品的消費者也會購買價值導向的產品，低價位市場的消費者也會渴望購買高價位產品，因此這兩個市場的界線並不是很明確。企業應該開發價格適中但又能獲利的產品，打入廣泛的銷售管道，如農村市場。

　　來到非洲，就會發現有不少已經在韓國打響知名度的品牌企業想進軍非洲市場。為了開拓新的海外市場來提高銷售額而販售的商品非常多樣，包含香菸、泡麵和食品。但令人感到遺憾的是，商品的銷售規模越大、品牌知名度越高，反映當地人喜好的程度反而越低。企業頂多只會更動現有生產線上的部分商品或產品開發的一部分。有餘力為非洲這個小市場大幅更動生產線的企業當然不多，但如果想在市場中競爭並存活下來，就必須考慮到當地人的喜好。

　　非洲人喜歡洗衣精和肥皂泡沫。非洲人會覺得洗完衣服後香氣越濃，代表衣服洗得越乾淨。非洲人打掃完地板後一定會留下痕跡，他們的地板都會變得又濕又滑。在非洲，香氣濃郁的洗衣精比較有機會受到消費者喜愛。

　　在地化指企業根據目標國家的文化、公民意識和消費者偏好，為商品或服務制定行銷計畫。企業在開發新商品或新服務時，應該要考慮到當地消費者的喜好，而不是將全球市場視為單一市場、反覆大量生產。越是反覆大量生產，確實越能降低單位成本和工作量，從而最大限度地提高規模經濟效益，但作為後進企業，不為在地化付出努力就想制定一套能抓住當地消費者胃口的策略，可能有些過於傲慢。

　　要進入非洲市場，就必須要有合適的產品。只要有價格適中且合適的產品，非洲就會是個具有高度吸引力的市場。在開發產品和行銷時貼近當地市場是企業必須要做的功課。

　　在非洲，比起大包裝產品，散裝產品更具優勢。美國量販店會以折扣價誘導客戶成箱購買商品，但在非洲必須要採取相反的行銷策略。企業不僅要採取具有創意的分銷方式和產品設計，還要推出小包裝商品，並想辦法擴大低收入市場。旗下有吉百利、妙卡、Oreo 等品牌的億滋國際（Mondelez International）就透過推出一顆裝的司迪麥（Stimorol）口香糖，成功開拓了非洲市場，其 2015 年至 2017 年的口香糖銷售額增加了 10%，達到了 9,600 萬美元。

　　對非洲的低收入消費者來說，只要能降低單價並確保品質有保障，那用塑膠袋裝飲用水也算是一種行銷策略。達能集團（Danone）收購的 Fan Milk International 就以騎腳踏車販售冰淇淋的方式降低了成本，並建立了具有競爭力的分銷

體系。2017 年至 2022 年，其迦納市場的銷售額預計會達到 34 億美元，奈及利亞市場的銷售額預計會達到 14 億美元。

　　設計電子產品時則必須考慮到當地的環境。為了應對非洲長久以來的供電不穩問題，企業應該要加強產品的耐壓能力。生活家電應該要考慮到當地的特性，注重節電能力。此外，電視可以考慮和當地的衛星廣播公司合作，為住在缺乏廣電設備的非洲郊區消費者提供免費的衛星廣播服務。在非洲工作的商務人士的名片上通常會有兩個以上的手機號碼。這是因為在非洲，商務人士會為了避免通訊網路不穩定時沒網路可用，或為了節省通訊費，而使用兩個以上的手機 SIM 卡（雙卡）。

如何選對代理商

　　我在美國、中國分公司工作時發現，由於美國的分工很細，要直接聯絡到大企業的採購負責人比登天還難。為了節省勞動成本，大部分的企業都會用自動回覆系統應對客戶，因此要找到負責人非常困難。所以在美國，可以透過銷售代表進行行銷。銷售代表為某個產業領域具有經驗的當地專業人才。

　　企業聘僱銷售代表時，會僱用已經在相關行業擁有人脈的人才。雖然移民歷史悠久的美國有不少行銷能力優秀的韓

裔和韓國企業，但在大部分的銷售領域，當地人和白人還是占較大的比例。因為當地人和白人最能感受並反映當地人的喜好。中國也一樣，企業在僱用行銷人才時通常都會選擇漢族。

非洲也不例外。企業會需要僱用當地員工來控制潛藏於當地市場的風險，非洲更是如此。非洲是地球上最貧窮的一個洲，其在許多領域仍與已開發國家市場和亞洲市場截然不同。非洲國家由多個部落和種族組成，其需要一套和一般國家不同的體系。也就是說，中國、印度、中南美、俄羅斯、東歐等新興市場在語言、宗教、人種方面有一定程度的市場同質性，因此在某個地區或國家採取的營商方式比較容易應用在周邊地區或周邊國家；但非洲具有高度的異質性，要反映的變數會比較多，在進行在地化時會需要比較多的時間和成本。

對中小企業來說，敏捷性尤為重要。要在與眾多跨國企業競爭時勝出，並實現商品差異化，唯一能確保競爭力的方法就是快速考慮當地人的喜好、進行在地化。唯有這麼做，才有辦法戰勝跨國品牌。如果企業並不具有特別的品牌優越性，那應該制定差異化策略、開發符合當地人喜好的商品。

企業不僅要研發商品，其過程還需要經當地人之手。因此企業會需要當地人的幫助。非洲有句諺語：「想走得快，就自己走；想走得遠，就一起走。」這句話的意思是「人需

要互相合作」。著名人士在重要場合演講時常常會引用這句話。大部分的中小企業有成本上的壓力，很難聘到當地的行銷專業人才，但企業仍應與當地的合作夥伴溝通，聽取他們的意見，因此在當地找到好的進口商與代理商是首要課題。

無論是展開貿易，還是參與公共採購事業，為了取得成果，在當地發掘有實力的代理商絕對是一大重要課題。事業的成功與否，可以說有一半以上都取決於代理商。比起大企業，當地代理商最好找專業的中堅企業，因為他們可以專注於特定的專案計畫。此外，要留意創辦人的出身背景。除了學歷和工作經歷，最好也確認一下創辦人是哪個民族的人，以及在相關行業是否有人脈。

如果代理商有濃厚的政治色彩，那最好三思，因為企業隨時都有可能會因為政局不穩定，而突然失勢或與現任政府為敵。中國的阿里巴巴創始人馬雲就曾說過：「我們要與政府談戀愛，但不要結婚。」不難想像，與政界聯手，就宛如一把雙刃劍。

企業也要避免與廠商簽訂長期合約。最好先在回顧短期活動情況和成果後，再評估是否要簽訂長期合約。此外，一定要一國簽訂一家代理商。企業沒必要簽訂涵蓋多個國家的獨家代理合約，或在一個國家與多家代理商簽約，而影響到與代理商之間的信任。

與國內交易相比，進行國際商務交易時會需要考慮到比

較多的環境因素。非洲這種尚未開拓的市場更是如此。因此企業應該要制定長期策略。在非洲營商，是無法一下子就取得成果的。必須一步一腳印、放長線釣大魚。

Taxify透過在地化擊敗Uber

最近共享汽車蔚為風潮。在非洲，人們能夠使用 Uber 和 Taxify，其中 Taxify 深受消費者的喜愛。2018 年《華爾街日報》指出，非洲的 Taxify 使用人數約為 Uber 的兩倍。

Taxify 的成長祕訣在於徹底在地化。雖然 Taxify 是後進企業，比 Uber 晚兩年進入市場，但其進行了高度在地化。有別於 Uber 只能以信用卡付款，Taxify 考慮到非洲人不常使用信用卡，而提供了以現金付款的方式。再者，Taxify 比 Uber 早引進了在非洲常見的機車計程車。非洲交通環境惡劣又會塞車，因此價格相對低廉的機車是相當受歡迎的交通工具。

此外，Taxify 大幅降低了手續費。在撒哈拉以南非洲，Uber 的手續費為 25％，但 Taxify 約為 15％。非洲有很多國家的人均 GDP 不到 1,000 美元，因此這個價差非常大。考慮到計程車業界可能會反對，Taxify 將計程車也納入了平台。像這樣，有鑑於非洲大眾運輸不完善、汽車較少，Taxify 預測非洲將有大量對共享汽車的需求，並以適合當地的策略投入了市場。

傳音控股席捲非洲

　　近幾年，無論到哪個國家，多多少少都能看到韓國電子產品的廣告。在非洲也能看到不少韓國跨國企業的品牌。這是件令人高興的事。我到非洲任職沒多久時，曾在街上看到一個看起來像是中國手機的大型廣告。我曾在中國工作過四年，所以知道不少在韓國知名度並沒有那麼高的中國品牌，但那個品牌我還是第一次看到。我很好奇，所以查了一下。

　　這家公司就是中國的手機製造商傳音控股（Transsion）。2006 年，傳音控股成立於香港。無論在韓國還是中國，它都是一個陌生的品牌，但傳音控股在非洲的智慧型手機和功能型手機市場為第一大廠，擊敗了三星、諾基亞等跨國企業。傳音控股至今都還沒在中國販售過產品，但其從 2008 年開始就集中攻略了非洲市場。傳音控股推出了最適合當地市場的產品，並利用多個自家品牌擴大了消費族群。中國的手機製造商傳音控股和華為就像是「非洲的三星」，正在引領非洲市場。

　　傳音控股已經進軍了奈及利亞、肯亞、坦尚尼亞、印度、越南等五十多個國家，大部分的銷售額來自非洲。2006 年公司成立初期，傳音控股經營了代工生產業務。2008 年，其推出代表品牌「TECNO」和「itel」，正式進軍了非洲市場。在那之後，傳音控股僅在兩年內就成了在非洲手機市場市占

率位居第三的企業。2011 年，傳音控股在衣索比亞設廠，積極在當地建立了生產基地。

　　傳音控股的成功策略為價格競爭力和徹底的在地化策略。其之所以能成功，是因為果斷放棄了中國市場，專注於非洲市場。傳音控股的智慧型手機的平均售價為 96 美元，大約是非洲智慧型手機平均售價 145 美元的一半。其功能型手機甚至有售價 10 美元的產品。

　　我們還能從很多地方看出傳音控股為技術在地化付出了相當多的努力。在非洲，電信公司不同，電信費就會越貴，所以當地人身上都會帶好幾個 SIM 卡。因此，傳音控股的手機被設計成能插入多個 SIM 卡。考慮到非洲供電不穩定，傳音控股還把電池續航力加長到了 24 小時。為了讓使用者能在戶外聽音樂，其揚聲器音量也比其他品牌大。傳音控股並未推出全球通用的手機，而是特別為非洲市場打造了手機，成為了「非洲的三星」。

　　非洲擁有 14 億人口、占全球人口的 17％，中產階級人口高達兩億，因此其具有巨大的成長潛力。非洲是智慧型手機業界的最後一片藍海。因此，徹底進行在地化、以此決勝負的傳音控股有著光明的前景。

假髮工廠，靠創意決勝負

　　世界各大洲、各個國家都有成功的韓國企業。我在國外工作時，常常有機會遇到這些成功人士。每當我看到他們雖然身處異國他鄉，仍在艱難的條件下獲得成功時，敬意就會油然而生。

　　也許是因為非洲的移民歷史較短，這裡成功的韓國企業並不多。非洲最大的韓國企業中，Sana 集團是非洲最大的假髮公司。1989 年 10 月，該公司在奈洛比設廠，進軍了非洲的假髮市場。其現在已經成長為肯亞的國民企業，在假髮市場的市占率高達 40％。其在坦尚尼亞、衣索比亞、尚比亞、烏干達等五個國家設有分公司和工廠，光當地員工就多達 5,500 人。

　　對當地人來說，假髮既是裝飾品也是必需品，每個人都有 2 ～ 3 頂假髮。據說，非洲女性只要一有錢就會先去買假髮。黑人髮量天生不多，而且是捲髮，留長的話會打結，而且很難梳開。隨著從事經濟活動的女性增加，80％以上的城市女性都會戴上假髮。

　　Sana 公司的行銷策略是高品質的客製化假髮。Sana 公司推出了能去屑止癢、為頭皮供氧、對人體友善的高品質假髮。此外，多樣化也是其成功因素之一。Sana 公司考慮到非洲當地人頭髮的特性，開發了 150 多種假髮。

　　Sana 公司當然也在當地面臨了競爭公司的威脅和挑戰。肯亞最大的連鎖超市 Nakumatt 就建立了規模相當於 Sana 的工廠，並聘僱中國技術人員投入了假髮事業。在這樣的牽制下，Sana 公司考慮到當地人頭髮的特性，開發出了各種產品，從而甩開了肯亞最大零售商的追擊。Sana 集團近幾年在肯亞發展成了比三星、現代等跨國企業都要有名的韓國企業。這是因為隨著肯亞經濟成長、非洲女性越來越注重外貌，美容產業的規模正在快速成長。期待 Sana 公司今後也會扶搖直上。

03
非洲的經濟學不同於其他國家：
政府是最大買家

在非洲，公共採購是大戶

　　越是發展中國家，政府部門發揮的作用就越大。非洲國家的政府也發揮著很大的作用。這也就是為什麼非洲國家政府會是最大的買家。西方市場的民營領域發展成熟，因此供需法則、規模經濟效益等市場經濟法則有效運行，但非洲市場與其有著差異。

　　非洲的民間市場占比較小，政府專案計畫市場占比較大，且大部分的政府專案資金來自海外援助。海外援助又多以當地政府公共採購的方式進行。據推測，非洲市場的公共採購規模占 GDP 的 10 ～ 15%、達 1,500 億～ 2,200 億美元。而提出援助需求和做出相關決策的主體是非洲國家的政府。

　　根據諮詢公司德勤《非洲建築業趨勢報告 2020》，2020年在非洲推動的政府專案計畫數量達 385 項、金額達 3,990億美元。大部分的專案計畫規模小於 5 億美元，交通、房地

產、能源領域在非洲專案計畫市場中所占的比例為 82.4%。

東非在非洲的專案計畫市場中所占的比例為 30.6%。如果按國家來看，非洲 54 個國家中，有 38 個國家正在推動專案計畫。2020 年，南非共和國和烏干達分別推動了 40 項和 27 項專案計畫，執行的專案計畫數量最多。

公共採購市場通常會優先考慮國貨，因此進入門檻較高。但非洲缺乏產業基礎，外國企業比較容易進入。此外，世界銀行、非洲開發銀行、多邊開發銀行主導的公共採購市場會進行較為透明的公開競爭性招標。

除了價格競爭力之外，國際認證等品質評價也是一項重要因素。此外，多邊開發銀行的採購案有穩定的預算投入，因此能避免原本與非洲國家交易時可能會發生的信用風險。

雖然為專案計畫提供援助的海外援助機構的貸款會收取利息，但為長期低利率，因此不僅是受益的非洲國家，想進軍非洲的企業也應該隨時予以關注。

我在非洲時接觸過許多公共工程，其中包含了相當多機場、公路、電力等領域的基礎設施建設相關專案計畫，但問題往往在於資金。

雖然近年來，非洲政府也在主導推動專案計畫，將其作為經濟成長的一環，但非洲國家財政匱乏，政府信賴度也非常低，因此相關企業會直接無視資金來源不明確且又是非洲國家主導的專案計畫。也就是說，這類專案計畫的效益很低。

如果是有世界銀行、非洲開發銀行等國際組織提供融資的專案計畫，那至少還具有可行性，而且還能解決資金不足的問題。

　　企業必須要做出正確的判斷。如果沒有直接募資的計畫，那最好關注有世界銀行、非洲開發銀行、多邊開發銀行等銀行提供資金的專案計畫。

04

把眼光放遠，縮小目標範圍：攻略消費品

關注新興中產階級：「黑鑽石」

　　全球市場正在不斷發生變化。中國雖然從世界工廠變成了世界市場，但由於人口高齡化，購買人口正在減少。新興市場也大部分都處於飽和狀態。專家們正在關注非洲。非洲的人口和收入正在持續增加，消費市場也正在大幅擴大。

　　非洲人口預計會在 2025 年超越印度和中國，並在 2030 年時從 2018 年的 12 億增加到 20 億。隨著人口不斷增加，非洲消費品市場正在持續成長。

　　年輕族群和新興中產階級正在主導擴大當前持續成長的非洲消費品市場。新興中產階級是非洲消費市場今後需要關注的對象。2016 年，諮詢公司德勤強調，教育水準高又年輕的新興消費族群「黑鑽石」正在不斷增加。

撒哈拉以南非洲主要國家的消費品市場規模（單位：億美元，%）

主要國家	2019		2020		2021	
	金額	變動率	金額	變動率	金額	變動率
肯亞	637	6.7%	687	7.8%	741	8.0%
奈及利亞	1,802	15.3%	1,919	6.5%	1,962	2.3%
迦納	315	12.1%	360	14.3%	407	13.2%
南非共和國	1,705	3.1%	1,874	9.9%	2,004	7.1%
坦尚尼亞	259	7.4%	279	8.1%	306	9.7%
衣索比亞	563	6.3%	585	4.0%	612	4.6%
莫三比克	87	5.7%	94	8.9%	103	9.3%
總和	5,368	8.5%	5,798	8.0%	6,135	5.8%

資料來源：BMI Research

　　非洲的新興中產階級「黑鑽石」會在考慮到品牌、品質、流行趨勢後，進行合理的消費，而不是一味地購買低價位的商品。「黑鑽石」指由於經歷過高度發展，而對未來樂觀，並以消費為導向的年輕消費者。此外，網路平台的快速成長正在引領消費模式的改變。非洲的年輕消費族群對時尚、美容有著高度的興趣。隨著 Youtube、Facebook、Instagram 普及，他們對全球潮流也相當敏感。

　　另外，隨著收入增加，他們對化妝品等美容產品的關注度正在提升，口紅、指甲油等彩妝品的消費額也正在增加。非洲天氣濕熱可能會使皮膚變得敏感，因此保濕產品市場前景明亮。考慮到非洲人的髮質而開發的剪髮器、假髮、洗髮

精、髮香噴霧等頭髮管理用品的需求也有望增加。

隨著越來越多女性從事經濟活動、飲食生活西化，對速食（泡麵、義大利麵、醬料、罐頭）等能在短時間內調理的食品的需求正在增加。奶粉等比較難在當地製造的產品的消費則正在以低收入族群為中心增加。所有消費層都會使用的刮鬍刀、牙刷、牙膏、肥皂等生活用品市場一直都是值得企業進軍、有前景的市場。

根據收入、消費族群，縮小目標範圍

非洲有眾多國家和多樣的文化。企業必須把眼光放遠、縮小目標範圍。未經差異化的市場進軍策略很有可能會失敗。非洲市場雖然前景明亮，但各國的消費者喜好有著極大的差異，因此企業應該要根據收入水準、營商環境和制度水準制定策略。為此，企業必須考慮到當地消費者可能會喜歡的商品和各國的 GDP。就算是同一個國家，也應該要根據各消費階層的喜好，推出不同的商品，並利用不同的分銷網路。考慮到當地最終消費者的特性、制定差異化的行銷策略，是為了成功進軍當地市場理應踏出的第一步。

企業應該根據收入水準，將消費者分成高收入階層、中產階級和低收入階層。高收入階層雖然不是主要消費族群，但在購買產品時，除了高級品之外，他們還喜歡已開發國家

高價位品牌的產品，因此高收入階層對電視、冰箱、智慧型手機等家電產品和健康食品的需求正在增加。

企業也應該注意到名為「黑鑽石」的新興中產階級正在增加。他們不僅會消費大量的電子產品，對最新品牌的忠誠度也很高。針對中高收入消費族群，企業應該要制定一套高級產品策略，提供品質優於中國產品的商品，攻占大型家電市場。

低收入族群在大部分國家的人口中占大多數。非洲貧富差距嚴重，低收入族群在整體消費族群中占30％。該族群主要購買的產品為食品和日用品，其有喜歡購買廉價的中國產品和印度產品的傾向。進軍電熨斗、微波爐等小型家電市場，有望成功攻占低收入族群市場。

更重要的是，企業應該要依地區進一步細分市場。企業可以將非洲的消費品市場劃分為南非共和國、奈及利亞、肯亞這三大區域。企業應該要以這些國家為據點，開發合適、有前景的商品，並集中進行行銷。例如，K-pop、K-beauty在非洲部分地區的認知度正在提升，企業可以傳播韓流內容來吸引年輕的潛在消費族群，並讓消費者覺得這種消費很時尚。

想進軍非洲的中小型公司應該要開發自有品牌商品。據分析，對非洲消費者來說，自有品牌商品是可信賴的公司製造的優質產品，而不是單純用來替代現有品牌的廉價產品。

此外，在出口化妝品時，要用「亮膚」代替「美白」一詞。避免使用帶有種族歧視的表達方式也是很重要的一點。

非洲各地區的特點和有前景的商品

地區	主要特點	有前景的商品
奈及利亞（西部）	• 非洲最大經濟體 • 在非洲擁有最多人口 • 線上與線下分銷網路發展成熟	• 幼兒用品、護髮產品、加工食品、化妝品、高級消費品、小型家電
肯亞（東部）	• 東非的領頭羊國家 • 網路普及率高 • 行動支付普及	• 加工食品、時尚／衣服、美容產品、保健食品、個人護理產品、電子產品、飲料
南非共和國（南部）	• 流通市場發展成熟 • 產品需求多樣化 • 跨國企業進軍的基地	• 高級消費品、化妝品、加工食品、文具、飲料、日用品

　　還未積極進軍非洲市場的企業應該要制定一套高級產品策略，提供品質優於低價位中國產品的商品。非洲的高收入族群在購買產品時並不在乎價格，他們喜歡的是日本、美國、歐洲等已開發國家高價位品牌的產品。

　　如果能徹底分析當地的消費者和消費趨勢，進行產品的差異化和在地化，同時透過大型分銷網路和網路商城，展開產品宣傳和推廣活動，那麼將能在非洲這個前景明亮的未來消費品市場抓住新的機會。

　　透過電子商務平台進軍市場，是一個能克服距離的好方

法。「黑鑽石」的主要購物管道為西式大型購物中心和網路商城。為了擄獲他們的心，企業應該在網路商城和實體購物中心之間取得平衡。

進軍模型圖

收入增加	改善品質	韓流擴散	建立進軍據點
· 都市化快速發展、年輕人口增加 · 非洲消費品市場年均增長 7.5％至2021 年	· 生活必需品支出＜自由分配支出增加 · 對品牌和品質的意識提升	· K-pop ／K-beauty席捲全球 · 韓流內容的消費以年輕族群為中心增加	· 考慮到各地區的特性建立據點 · 同時打通網路和實體銷售管道

積極應對少量訂單

　　對非洲進口商來說，比較可惜的一點是他們好不容易在打聽多家韓國出口商後，找到了價格適宜、品質優良的商品，結果訂貨量卻不及出口商的預期。出口商容易因為單筆交易金額過低，而忽視非洲進口商。對出口商來說，考慮到物流成本，進口商必須要訂最少訂貨量（例如一個貨櫃），他們才不會賠本。但非洲的進口市場規模非常小。從現實層面來說，進口商要在初期就下幾萬美元的訂單並不容易。

　　但就算是少量的訂單，企業也應該予以關注。雖然非洲

進口商的初期訂單金額並不高，但這反證了出口商的產品在非洲具有競爭力。也許非洲進口商初期的訂貨量並不多，但這個訂貨量可能會隨著市場擴大而增加。

我在零售連鎖店發達的美國工作時，曾看到不少韓國優質的商品因為無法滿足訂單需求，而不得不放棄交易。因為美國市場規模大，零售連鎖店都會希望能買入大量的商品、進行分銷，但韓國企業卻沒有能力生產那麼多的商品。

非洲則是相反的情況。非洲進口商雖然想進口韓國商品，卻因為訂貨量太少而無法進行交易。雖然能理解非洲進口商的訂貨量少是因為非洲市場規模小，但韓國企業並不是很願意去接訂貨量少於一個貨櫃的訂單。如果再考慮到非洲的風險，企業很容易判斷與非洲進口商交易是賠本生意而放棄與他們交易。但只要認可非洲市場的潛力，非洲進口商今後可能會更頻繁地下單，下單金額也有可能會增加。

企業應該要集中精力去做目前正在做和能做的事情，並縮小目標範圍。非洲和韓國有產業差距，因此非洲對以舊產業技術製造的產品有大量的需求。但這類產品不僅難創造附加價值，還很難與競爭國家的產品競爭。在非洲，鐵皮屋也算是經過裝修的房子。非洲不僅有改良茅屋的需求，還有將房子屋頂改成鐵皮屋頂的需求，因此對鐵皮的需求很大，但市場早已處於飽和狀態。因此，與其回頭去做過去已經做過的事情，企業不如集中精力去做自己目前能做的事情。這就

是企業應該把眼光放遠、縮小目標範圍的原因。

　　不過，產品如果太超前也會是一個問題。比方說，韓國對環保材料很敏感，在銷售百葉窗、室內裝飾材料等建材總會將環保當作行銷重點，但非洲目前還沒有餘力支付昂貴的費用顧及環保。有價格競爭力、簡便又實用的產品比較有機會成功進軍非洲市場。

05
善用對方的武器：關注製造業

「工業化」為當前非洲的趨勢

　　企業在進軍海外市場時，應該要善用目標國家重視的政策和議題。如果帶著符合當地政府重點推動的政策和消費者趨勢的產品進軍市場，企業將會獲得比預期更好的反應。更重要的是，要看透對方的武器和弱點，並加以善用。

　　非洲國家的政府想創造就業機會，因此高度支持工業化。如果能創造就業機會，就會登上頭條新聞、被大肆宣傳。薪資低且豐富的非洲勞動力正在等待著海外企業進駐。此外，非洲的教育水準正在逐漸提升。豐富的自然資源也是非洲引以為豪的一項資源。

　　非洲國家的政府希望能持續實現經濟發展並創造就業機會。國際組織也不再只是單純援助非洲國家，而是支援其發展工業化，有強烈的意願幫助非洲國家扶植製造業。隨著工業化發展，非洲政府將陸續推出各種補貼。因此，非洲的製造業今後會以更快的速度成長。這也就是為什麼企業雖然過

去都只是單純與非洲國家進行貿易，今後卻需要在當地進行材料加工。

我在坦尚尼亞工作時，曾支援過坦尚尼亞政府的一件醫療設備（X光）招標案。當時韓國的一家企業以低於歐洲設備的價格、優於中國產品的品質、購買當地生產設備的計畫，贏得了標案。該韓國企業招標成功的關鍵在於其不僅保證品質有保障、具有價格競爭力，還響應當地政府的工業化政策，提出了購買當地設備、與當地合作夥伴合資生產的計畫。

在非洲各地區中，東非離亞洲比較近，其接壤印度洋，與印度、中國、韓國、東南亞的距離非常近。東非不僅擁有工資低且豐富的勞動力、電價相對便宜，還是個有利於進軍已開發國家的出口市場，並且政府正在積極推進製造業扶植政策。因此，東非是繼中國、東南亞之後下一個重要的紡織業生產基地。

非洲企業也沒有錯過這個機會。坦尚尼亞的傳媒集團IPP Media曾宣布將擴大事業範圍投身於韓國汽車製造業。在政府和國際組織的支援下，非洲當地的中大型企業也正在進軍製造業，並擴大相關產業。

因為有這些需求，2004至2014年非洲進口的資本財和原輔材料增加了兩倍以上，且大部分都進口自非洲地區以外的國家。非洲的原輔材料進口量今後將會持續增加。因此，

未來將會有越來越多非洲國家想與靠製造業引領經濟發展的韓國的機器設備和原輔材料企業合作。汽車、家電組裝、醫療、屠宰、包裝、塑膠、紡織服裝、皮革、鞋子等領域前景尤為光明。

想與韓國的原輔材料企業合作的廠商增加

　　非洲製造業的成長為韓國企業帶來了機會。製造業一直都是韓國的強項。因此對具有優勢的領域來說，這更是一個大好機會。汽車、手機就是一個代表性的例子。非洲的製造業越是成長，想與韓國的機器設備、原輔材料企業合作的廠商就會變得越多。這是韓國製造商值得關注的一點。

　　要在非洲當地建組裝廠，就必須投入大量的資金。但要一下子就找到具有資本實力的堅實合作夥伴並不容易。因此，企業最好先出口機器或原輔材料，之後再與同行業的當地企業建立網路和信任關係。企業也可以與合作夥伴一起參與中小型專案計畫、進行市場調查，確認事業的可行性，並探索如何投資、進軍非洲市場。

　　近幾年，非洲國家政府在進行採購招標時，除了單純的採購之外，還越來越常要求投標廠商在當地生產產品。為了本國的經濟發展，非洲國家也開始注重起了國產化率，企業可能再也無法只出口零部件。這也就是為什麼企業應該要考

慮在非洲生產產品。

　　企業需要開發適合非洲的專案計畫，即與當地企業共同組裝、生產。此外，企業也可以考慮進軍汽車、家電、醫療設備市場。企業可以先支援通用型、組裝型及簡易型產品的生產，並在中長期內轉移製造業技術、成立合資公司。企業也可以根據專案計畫建立生產基地。

　　非洲對食品、服裝、家電等消費品產品的需求正在大幅增加，因此這類產品的生產線也有很大的吸引力。隨著製造業發展，非洲消費品市場也正在快速成長。2050 年，非洲人口預計會達到 25 億，30 歲以下的人口將占 70％以上。除了人口增加之外，非洲還呈現出持續都市化、消費持續增加的趨勢。

　　為了因應這種趨勢，東非國家的政府正在將屬於勞動密集型產業又能創造大量工作機會的紡織業視為用來促進中長期經濟發展的核心製造業。為了招商引資，東非國家正在實施各種扶植政策，包含增建電力基礎設施、擴建鐵路和公路等交通基礎設施、改善行政系統、培養產業人才、提供稅收優惠。

　　東非出口產品在美國、歐洲服裝市場的份額仍然微乎其微。東非仍然存在著募資費用高、勞動生產力低、具有政治動盪因素等地區侷限性。但其生產條件正在政府的主導下快速得到改善。非洲的發展中國家享有免關稅、免配額優惠，

因此其出口額也在快速增加。

全球紡織業正在擴大進軍東非市場，韓國也應該與東非主要國家擴大產業合作。因為東非雖然無法在短時間內取代中國或東南亞、變成全球生產基地，但隨著全球時裝企業展開供應商多元化策略，東非有可能會成為將美國和歐洲市場作為目標的地區生產基地。

不過非洲的工業化和其製造業的發展前景並不只有樂觀的一面。基礎設施、技術、資本、制度今後都需要大幅改善，眼前還有重重阻礙。企業還必須考慮到非洲特有的政治風險。勞動力水準低也一直都是進軍非洲的企業必須擔心的阻礙因素。有些非洲國家的企業甚至會因為政治、社會動盪不安而難以穩定運營。非洲國家還有政策頻繁變動、盛行得過且過的行政機會主義等隱患。

非洲對製造業的需求只會持續增加，因此今後將會有越來越多非洲廠商想與韓國的機器設備、原輔材料、材料與零件供應商合作。當前有越來越多韓國企業正在進軍東非，韓國政府也應該與東非主要國家的政府合作，來擴大相互投資規模和貿易規模、構建韓國企業專屬的產業園區，為加強產業合作付出努力。

06

非關注不可的公私夥伴事業

透過公私夥伴與「資本結合型」進軍模式，
滿足對基礎設施的需求

　　非洲很貧窮，在飽受飢餓、貧窮之苦的國家，不太可能
有餘力投資公路、橋梁、機場等社會基礎設施，但非洲正在
逐漸發生變化。非洲近幾年實現了高達 7 ～ 8％的成長率，
並且在努力將原本依賴於第一級產業的經濟結構轉向製造
業、流通業、服務業。為了保持經濟成長、加快發展步伐，
非洲必須擴建鐵路、公路等物流基礎設施。現在的所有非洲
國家就像 1960 年代韓國建設京釜高速公路時那樣，正在如
火如荼地建設鐵路和公路。

　　但問題還是出在資金上。非洲的資金並不充分，雖然聯
合國等國際組織和已開發國家持續提供支援，但如果要在短
時間內擴建交通基礎設施，會需要大量的成本和時間，也就
是要投入大量的資金。非洲與中東不同的一點是，其絕對問
題為當地政府的資金實力。因此，如果不解決融資（財政負

擔）問題，就會很難承攬社會基礎設施專案。

在此情況下，中國正在以資本實力快速進軍非洲市場，且進軍的企業為國營企業，有政府在背後支撐。中國企業有價格競爭力，在土木和建築工程方面具有優勢，因此正在積極展開活動。不過，由於中國建商施工品質的可靠度不高，非洲業主並不是很願意將工廠、發電廠的建案發包給中國建商。儘管利比亞大人工河、哈里發塔的建案提高了韓國在建築業界的地位，但近幾年來新事業正在逐漸減少，韓國企業的競爭力也不如從前。而後進國家正在以低廉的勞動成本迅速占領海外市場。

另一方面，無法在中東拿下大單的大企業開始承攬起了小規模建案、尋找新市場。以前中東建案多的時候，撒哈拉以南非洲的小規模建案都會直接被企業們忽視掉，但現在這些建案越來越受到企業的關注。不過，由於非洲缺乏資金、不確定性高，韓國企業在非洲承攬的建案大部分都側重於韓國政府支援、資金來自韓國政府的開發援助專案計畫。

在非洲，企業已經無法像以前那樣只承攬工程。非洲很貧窮且政府財政匱乏，因此需要採取不同的方式。坦尚尼亞正在如火如荼地展開鐵路建設計畫。雖然韓國數一數二的大企業也想參與其中，但他們總要想盡辦法募資。對非洲國家的政府來說，一家沒有制定募資計畫就想承攬工程的企業無異於「沒有餡的豆沙包」，因為非洲國家的政府也沒有錢。

建商也應該要轉型為開發型企業。從長期來看，為了成功開發海外事業，建商應該在事業結構、資金、支援方面提供有利的因素。也就是發掘「資本結合型」承攬模式。非洲國家的政府沒有理由拒絕捧著錢找上門來的建商。非洲國家會因為負債風險而不太願意發包給中國建商，不過韓國企業還不是非洲國家戒備的對象。韓國建商現在應該要轉型為開發型企業，連募資都包辦。

為此，企業應該將非洲視為未來市場，而不是單純將其視為援助對象。也就是說，企業應該更大膽地去改變思考模式和思維框架。非洲在政治、經濟方面確實有巨大的風險。但如果放眼未來市場，現在放棄還言之過早。這也就是為什麼政府需要發揮作用，企業必須密切關注公私夥伴的投資型事業。公私夥伴指由私營部門承擔風險，進行公路等公共基礎設施的投資、建設、維護和修復，透過營運賺取收益，政府則負責提供稅收減免和部分財政支援。

第一階段：
單純出口、合作開發

第二階段：
合資公司、零部件設備、組裝工廠
發掘朝陽產業相關計畫並進行匹配

第三階段：
推動公私夥伴事業

考慮到市場和風險的進軍模型　　　進軍模型

　　要進行公私夥伴事業，就得反映市場需求。企業應該迅速掌握市場需求並制定長期計畫。企業可以先因應非洲的工業化發展出口設備和原輔材料，並在非洲支援通用型、組裝型及簡易型產品的生產。企業勢必會轉移製造業和技術並與當地企業合作。其以後能以公私夥伴的方式參與長期事業。

　　在海外以公私夥伴的方式展開專案計畫會有許多風險。非洲更是如此。但如果只進行出口和開發合作，擴大進軍規模時會有侷限性。如果只靠企業進行出口和開發合作執行專案計畫，資金規模會過於龐大，執行時間也會太長。政府推動的「專案計畫型」、「資本結合型」進軍模式應該要擴展到各個領域。建商可能因為還沒有累積足夠的開發能力而有不易之處，但現在的趨勢為結合政府的支援和私營部門的努力，進行「開發型承攬」。

以「一攬子交易」模式
展開經濟合作，發揮優勢

　　後進國家韓國必須將進軍風險降到最低。為此，韓國可以考慮以「一攬子交易」模式積極展開經濟合作。也就是利用韓國先進的基礎設施建設能力，同時進行用於輸送、出口資源的基礎設施建設和資源開發。

韓國－非洲合作策略

市場現況		合作策略
• 非洲缺乏製造技術、使用方案等產業基礎 • 少數先進企業已搶占市場	強調韓國的先進技術和價格競爭力，率先提出合作計畫	• 推動一攬子交易模式合作事業，同時進行各種基礎設施的建設和資源開發 • 與相關機構和政府負責人保持聯繫

　　為了進行穩定的投資，韓國政府或國營企業應該和民營企業合作，並建立一個合理且能長期運行的協商機制。即要與核心資源豐富的非洲國家政府和民間相關人士保持聯繫，分享相關經驗和技術。

　　如果能善用「比美國與歐洲更具價格優勢，比中國更具技術優勢」這點，韓國建商還是有機會的。韓國可以提供非洲國家其沒有的資本實力和技術實力。

　　韓國政府也注意到了這一點，而在 2018 年 7 月成立了韓國海外基礎設施與都市開發支援公社。但 2017 年，韓國的海外建設訂單總額（290 億美元）中公私夥伴事業只占了 16 億美元、5.5％左右。為了公私夥伴事業的競爭力，政府和企業應該要予以關注並付出努力。

在事業開發階段，必須積極利用開發援助政策。與當地政府和有能力的商業開發商密切合作是企業該做的基本事項。韓國的開發援助機構會針對制定政策、發掘事業、開發事業、執行事業等各個階段提供支援。根據初步調查，韓國政府的支援政策有企劃財政部支援的經濟發展共享事業[15]、韓國國際合作局[16]支援的開發經驗交流專案[17]和一般部門提供的技術支援計畫。

韓國的電信公司 KT 正在積極進軍非洲市場。2013 年，其投資 1,500 億韓元，與盧安達政府成立了合資企業 KtRN（KT Rwanda Networks），並在盧安達建立了 LTE 全國網路。2014 年 11 月，KtRN 在盧安達首都吉佳利開始提供商用服務。2018 年，KT 宣布在盧安達建立了非洲的第一個 LTE 全國網路。KT 擁有從 2014 年至 2038 年（為期 25 年）與盧安達政府提供 4G 行動通信服務的 LTE 批發業務獨家經銷權。其持有 KtRN 51％的股份，為第一大股東。

但 KT 還有很長的路要走。KT 目前的虧損仍大於收益，而且虧損正在累積。KT 期待 KtRN 會在其進軍非洲其他國家時發揮帶頭的作用。KT 還計畫藉由在盧安達獲得的事業經驗，將「盧安達模式」和資通訊技術的出口擴大到奈及利

---

15 編注：Knowledge Sharing Program，KSP。
16 編注：Korea International Cooperation Agency，KOICA。
17 編注：Development Expericence Exchange Program，DEEP。

亞、南非共和國、馬拉威、貝南、塞內加爾等其他非洲國家。

07
政府統計僅供參考

非洲的非正式經濟

　　我住非洲時，常常會想起 1960 ～ 1970 年代的韓國，尤其是看到路邊攤的時候。只要是人來人往的地方，就會有許多破舊的違章建築，攤販們會在那裡賣各種雜七雜八的商品。雖然說是違章「建築」，但也不能說是建築，因為那裡頂多只能供人避雨。車來車往的十字路口、交通堵塞嚴重的地方總會有許多路邊攤販。他們會拿著感覺根本就不可能賣得出去的玩具、地圖、汽車用品、衛生紙等商品尋找客人。

　　非洲大都市的商業活動規模很有可能比國家統計的大。也就是說，能像韓國一樣透過信用卡或發票追蹤的銷售額遠低於無法追蹤的銷售額。其實，這種商業活動並不是最近十年才突然出現的。非洲全境一直都有大規模的經濟活動。只是這些活動沒有受到官方機構的控制或被國際貨幣基金組織納入統計而已。

　　像這樣，非正式存在、「看不到的」經濟在非洲無所不

在。非正式經濟就是其中之一。這與所有交易都用信用卡付款的韓國截然不同。最常見的非正式經濟應該是家教費或家庭幫傭費。非洲的非正式經濟規模和重要性已經大到了正式經濟無法相比的程度。

　　東非國家也不例外。無論是沒有進行公司登記就開店賣農林漁牧產品或手工藝品來維持生計的人，還是從農村來到都市、在親友幫助下依靠日領基本工資但供住宿的工作度日的人，這些人所從事的也都是非正式經濟。

　　這些人不會向政府繳稅，但也無法獲得原本能從政府那得到的保護和金融優惠，而且很容易被捲入非法營業行為或犯罪。他們會從事非正式經濟活動並非自願，而是因為正式經濟領域沒有他們的立足之地。這些經濟活動會被排除在政府的官方統計之外是理所當然的事情。

　　像這樣，非正式經濟指「政府機關或官方機構的官方紀錄中未包含的商業交易」。也就是指不使用貨幣進行的以物易物交易和未繳稅且未被納入官方 GDP 的商業活動。

　　海外行銷的基本工作是掌握目標國家的基本資訊。企業會先去確認想進軍的國家的人口、收入水準、主要貿易夥伴和進出口商品。但在非洲，企業還得考慮到非正式經濟。統計數據未必能代表一切。

　　我在非洲工作時，某家以白色家電[18]聞名的韓國大企業的駐外主管曾抱怨說，韓國大企業會透過非洲當地的代理商販售冷氣、冰箱等主力商品，但這些商品在市面上流通的數量卻是代理商正式取得的兩倍以上。其他廠商當然有可能自行空運進貨，但也不能排除走私的可能性。

　　各組織公布的非洲的收入水準遠低於國際水準。但那些統計的可信度究竟有多高呢？非洲具備的潛力中大規模的非正式經濟經常會被低估。2014年，非洲開發銀行推測，非正式經濟占非洲經濟活動的55％、勞動力的80％。麥肯錫指出，非洲總勞動人口的60％正在從事非正式且脆弱的商業活動。但非洲的各產業統計數據卻顯示從事農業的人占多數。那麼在統計時，路邊攤販都被歸類到了哪個行業呢？

　　非洲的非正式經濟有很大的空間可以進行正式化。為了擴大財政，非洲國家的政府正在積極擴大各種稅收來源，電子化就是其中一個方法。將戶籍登記、土地登記等工作進行電子化，將有助於未來確保稅收來源。此外，非洲國家的政府也在努力量化現有商業活動和其他商業活動，將各種資訊電子化後，保存在政府的系統中。關稅系統也不例外，其正在進行現代化，透過將整個流程電子化，將能避免誤徵稅費並防止逃漏稅。

---

18 編注：泛指電冰箱、洗衣機、微波爐、洗碗機等家電產品。

　　而這些稅收勢必會在非洲國家未來成長後，用於回饋國民並進行再投資。總之，企業應該要知道，在調查並診斷非洲經濟時，官方公布的各種統計資訊一定有它的侷限性。

預留人力和時間

　　非洲的勞動生產力低落是眾所皆知的事。當然，非洲的機器設備、流通等基礎條件比不上已開發國家。除此之外，員工普遍缺乏個人能力。事實上，由於教育體系不完善，條件又有限，員工素質不可避免地會大幅下降。

　　我在非洲工作時，很多駐外人員都抱怨，儘管求職履歷多到數不清，但要在非洲找到合適的當地人才很不容易。只不過是要僱用一名接待員，就會收到至少一百份履歷。但在精挑細選後，進行面試和實務測試時會發生令人驚訝的事情。比如，雖然履歷上寫著精通電腦和辦公室軟體，但在實務測試後會發現應試者根本不會操作。他們的回答往往是學校只有幾台電腦，所以只有看過別人怎麼操作。

　　因此很多駐外人員都會抱怨，非洲的一名員工其實相當於零點七名員工。暫且不論員工對某個專案計畫是否有創意思維，企業必須考慮到非洲公司缺乏基本制度和認知等基本概念，且當地的教育水準並不高。此外，在工地下達工作指示時，也會遇到各種意料之外的問題。但非洲國家的勞動法

遵循英美法系，且大部分的國家都曾經歷過社會主義，因此在保障勞工權益方面做得比較徹底。

這還不是全部。工期對建案成本有很大的影響。工程成本本來就會根據工期而有差異。大部分在非洲執行建案的建商會遇到的難題就是行政程序緩慢。建商必須得到政府機關的許可才能動工，但卻一直延期。天氣也是影響因素之一。雨季時施工當然會受到阻礙。大眾運輸也是一大問題。韓國的營商環境節奏比較快，非洲的步調則比較慢，非洲甚至有俗語說「趕時間將得不到幸運」，如果能完美掌握這句話的涵義，應該就能算很了解非洲，而且被非洲同化了。

因此，估算所需工作時間時必須乘以 1.5，過於緊湊的工作流程並不適合非洲。企業還必須考慮到非洲人的性格比較鬆散，因為緩慢的行政程序更有可能帶來壞消息，而不是時程縮短的好消息。

08
接納效率低下現象，體諒當地民情

要接受「Pole Pole」這句話

在非洲做生意時，必須要記住的第一件事就是要有耐心。每個國家都有自己的步調。韓國的步調比大部分的國家快，而且跟非洲完全不一樣。非洲國家的步調不像韓國那麼快，非洲人走路的速度非常慢，公務員處理工作的速度也是如此。雖說非洲的步調非常慢，但時間還是流逝得很快。也許是因為四季不分明，昨天就如前天，前天又如大前天。

史瓦希利語中有句話「Pole Pole」，它的發音與韓語的「快點、快點」（Ppali ppali）很像，但意思完全相反，指的是「慢慢來、慢慢來」。在攀登非洲最高峰吉力馬札羅山的時候，如果爬得太快，很容易會得到高山症而感到疲勞，所以必須慢慢往上爬。聽說如果爬得太快，會因為氣壓差而無法再爬上去。只有一邊慢慢感受氣壓差一邊往上爬，才能抵達想到達的目的地。這樣似乎多少能理解為什麼非洲會有前面提到的俗語「趕時間將得不到幸運」了。

　　因此，非洲人很常遲到。非洲人常常會說「十分鐘後到」，就連參加政府舉辦的活動時也不例外。就連政府副部長以上的高層官員也很常遲到。要致歡迎詞的高層人士遲到，導致政府舉辦的活動被推遲，在非洲是常有的事。想著「至少人到了」會對心理健康比較好。遲到也許對非洲人來說是一種文化。我們可能很難理解，但這些人都是這麼活過來的。我們不能隨便譴責非洲人，畢竟他們相信對方會等自己來。如果考慮到非洲的路況不佳，非洲會有這樣的文化確實有它的理由。

　　我們還能發現在非洲做生意做很久的人也會有「Pole Pole」的習慣。非洲有很多商業專案都是由政府推動的，因此常常會毫無進展。有很多專案計畫是三年前、甚至是十年前開始的，但到現在都還在執行，甚至還在評估。我還看到有企業持續在追蹤如果是在韓國早就該放棄的專案計畫，而且還在跟政府相關人士面談。這讓我切實感受到非洲真的是一個需要耐心的地方。

Ubuntu：因為有你，所以有我

　　我們常常會在電視上看到為非洲窮人募款的廣告。非洲確實有很多志工，也有各種民間團體、非政府組織（NGO）和各國救助組織在展開活動。韓國也有很多傳教士等人在展

開醫療志工活動。就算環境惡劣也做志工，值得受人尊敬。對受益的非洲當地人來說，也沒什麼不好的。有人無償提供支援是值得感謝的事。

非洲也有共存精神。「Ubuntu」就是這個精神。這是諾貝爾和平獎得主納爾遜・曼德拉強調後普及的一個概念。美國總統等許多著名人士都曾在演講時引用過這句話，不少產品名也使用了這個詞，如 Tata 公司為南非共和國市場設計的公車就叫「Ubuntu」。

據說這句話源自「有一名歐洲傳教士把裝著餅乾的籃子當作獎品，讓孩子們賽跑，沒想到所有的孩子手牽著手一起跑到了終點。因為他們不想跟朋友們競爭，而是想大家一起吃餅乾」的故事。也有人說，這句話來自祖魯族的格言「Umuntu ngumuntu ngabantu」（人是透過他人成為人的）。在祖魯語中，「Ubuntu」指人情味、共同體、對其他人的博愛精神。在班圖語中，「Ubuntu」意為「因為有你，所以有我。因為有我們，所以有我。」

要在非洲市場取得成功，就必須了解非洲的「Ubuntu」精神。如果不了解當地民情，就不可能取得成功。非洲的財富來自非洲人。雖然其他地方應該也一樣，但在非洲更需要對人類社會進行思考並為當地做出貢獻。

如果從這個角度出發，企業可以考慮在非洲展開社會貢獻活動。目前已經有不少進軍非洲的企業不以盈利為目的，

正在單獨且非官方地幫助非洲國家。也有韓國企業正在利用首爾總公司的捐款為非洲當地需要幫助的人挖井。此外，也有許多人在各個領域做善事，像是在宗教設施免費供餐。

官方活動包含企業社會責任（CSR）活動。企業會在販售產品前，免費開設教室、將產品發給當地居民，展開宣傳活動。這也算是為了未來的銷售活動事先進行宣傳。除了韓國國際合作局以免費教育、醫療支援形式提供支援外，非政府組織、大韓貿易投資振興公社等機構也持續提供支援。

企業社會責任活動並不僅限於最終消費者，當地政府也包含在內。也就是說，企業可以向非洲最大的買家（政府）捐贈物品，讓當地政府評估產品的可行性。如果能在進軍非洲市場初期把為當地人提供社會服務納入考量，會比較容易得到當地人的響應。藥品等政府負責採購的商品就是一個代表性的例子。

與負責人會面：跟上層見面，下屬才會動起來

無論是哪家公司、哪種性質的工作，最高層的決心都極為重要。在做決策時，除了單純的經濟利益之外，還有許多其他因素要考慮。例如是否牽扯到許多利益相關者，或是否因為財務結構複雜而有需要最高負責人直觀判斷的事項。有的專案計畫並非短期專案計畫，可能會需要調整國家的產業

結構，因此直接面對面說服高層會比較快。

韓國有敬老尊賢的文化，也許是因為這樣，在開會的時候，如果不是非發言不可的情況，主要都是由最高層發言，最高層以外的出席者都會忙著做筆記。這種情況嚴重到韓國有句玩笑話叫「記者生存」，也就是「記筆記的人才能存活下來」。與中國、日本進行商務諮詢時也差不多是這樣。在大部分的會議中，下屬都會盡可能選擇沉默。開會時，主要都是由最高層主持會議並發言，下屬則是專心記筆記。會議的焦點不可避免地都會集中在最高層身上。彷彿是想讓大家搞清楚誰將在這場會議中做出決策一樣。

我十年前在美國工作時有件事讓我很驚訝。那就是美國企業的決策過程的僵化程度不亞於韓國，很有政治性的一面，甚至到了下屬會掌握執行長的想法並毫不猶豫地在會議中提及的程度。但這不代表會議形式也很僵化，美國的座位安排和會議形式都比東方國家自由很多。但最終還是由最高負責人做出決策。看到美國企業的決策體系比我想像得僵化，我著實嚇了一跳。

最高負責人的決策無論古今中外都非常重要。高層關注，下屬才會動起來。儘管各國在程度、形式上可能會有些微的差異，由上而下的模式特別在發展中國家占主導地位。這有可能是長期殖民統治的遺留物，也有可能是社會主義的特性。

要跟非洲國家的部長、副部長面談並不困難。雖然非洲國家政府高層的日程總是很繁忙，但沒有像已開發國家忙到幾乎無法安排面談。在非洲，企業至少要向處長或局長進行業務簡報。

我在非洲工作時，曾需要向非洲國家的政府說明一項能源相關專案計畫。該專案計畫規模龐大，要跑完所有流程需要花費非常多時間，而且負責該專案的局長也只有當下表現出有興趣，之後都沒有進展。我後來得到了與對方的上層（副部長）面談的機會，專案計畫才終於有了結論。雖然當時的結論是執行那項專案還為時過早，但總算是確認了政府的想法。

企業應該申請與負責人進行面談，不要害怕。唯有說服負責人，下屬才會動起來。這是古今中外做生意時不變的真理。

09
謹防詐騙

電子信箱被駭，就連已進軍非洲的企業都有可能受騙

　　我在海外工作時接觸過幾起貿易詐騙案。大部分的案件都很令人感到遺憾，因為很多案件已經發展到了無法挽回的地步，受害者採取不了什麼有效的應對措施。說到底，最好的措施還是預防。貿易詐騙會利用外國企業距離遙遠且資訊不足而難以請當地機關或企業幫忙確認這一點，詐騙集團會冒充公共機關，或以政府招標為誘餌詐取手續費或遊說資金。

　　我在巴基斯坦和中國工作時，看過不少當地人為了赴韓非法就業，而向韓國企業提供假的資訊，以得到簽證邀請函。此外，也有很多當地廠商會要求提供過多的樣品。美國雖然看起來不太會發生貿易詐騙案，但我曾看過有美國進口商申請破產、拒絕支付進口貨款。這其實是鑽了法律漏洞。

　　現在有很多廠商會在貿易時透過網路聯繫企業，電子信箱就是一個代表性的網路聯繫方式。但也有越來越多與此相

關的貿易詐騙案發生。只要是使用過電子郵件的人，應該都知道什麼是垃圾郵件。企業會收到內容荒誕的郵件，像是有詐騙分子聲稱自己是某國的王儲或政治難民的遺孀，為了提取鉅款而需要現金。非洲也是這類郵件的主要來源地之一。

除了貿易詐騙之外，進軍非洲當地的企業還暴露在這種詐騙郵件風險之中。坦尚尼亞就發生過這類詐騙案。某個星期五晚上，K工程公司從有與其進行交易的廠商老闆那收到了一封郵件。郵件上寫著廠商收到了銀行的帳戶變更通知，因此希望K工程公司在他們提供新帳戶號碼之前，先不要匯工程款。因為寄信人的信箱是一直都有保持聯繫的廠商老闆的信箱，前一天那家廠商的記帳士又提供了收據，因此K工程公司回信表示待廠商提供新帳戶號碼，就會匯款給廠商。當天深夜，K工程公司收到了廠商表示感謝諒解的郵件和新的帳戶號碼。星期六早上，K工程公司覺得有些奇怪，於是打電話給了那家廠商的老闆。沒想到廠商不但沒有換帳戶，甚至沒有發過那些郵件。K工程公司差點就蒙受了金錢損失。K工程公司仔細一看，發現廠商老闆的電子信箱帳號是Emmanuel，而詐騙的信箱帳號是Ernmanuel。原來詐騙集團將m改成了rn，所以K工程公司沒能馬上發現。更令人驚訝的是，星期五晚上，那個詐騙集團還用分公司總經理的假電子信箱，發了一封郵件給當地員工，要員工匯款到新帳戶。分公司總經理的電子信箱當然沒有發送過這封郵件的紀錄，

只有記帳士的信箱裡有這封假郵件。

　　非洲還有很多黃金詐騙案。詐騙分子會告訴受害者能以低價買入黃金，不過要立即匯款。這簡直就跟小說一樣荒唐。大部分的人都會覺得應該不會有人真的被這種鬼話欺騙，但在大家快遺忘有這種詐騙手法時，就會再次出現受害企業，因此這似乎不是我們能一笑置之的事。在坦尚尼亞，黃金價格低廉。據說坦尚尼亞的金價只有國際金價的 90％左右，但要將黃金帶出國必須繳 10％以上的出口關稅。唯有合法出口，才能保障黃金的品質。但就算是進行合法交易，也還是會有人想盡辦法行騙，因此企業必須小心注意。

　　發展中國家的詐騙集團常常會聲稱有祕密交易能讓人一夜致富來誘惑受害者，他們會利用非洲資訊化發展速度慢、資訊系統封閉這一點，要求進行祕密交易。非洲的電子化發展速度慢，因此企業無法輕易獲取對方的資訊。很多詐騙集團會利用這一點，假貿易之名行詐騙之實。企業應該多確認幾次廠商的資訊，務必謹慎小心。

　　除了這類詐騙之外，海外還有很多控訴韓國出口商不履行保固責任、不履行合約的小額索賠案。如果韓國出口商是中小企業而且進行的是一次性交易，那能在合約中承諾提供的保固難免有限。我在巴基斯坦工作的時候，曾聽到有人抱怨說自己從韓國進口的紡織機械出現了故障，但因為說明書上都是韓文而沒辦法修理。此外，也有很多廠商一開始相信

企業會提供各種售後支援服務而預付貨款，但企業卻沒有提供售後服務而提出索賠的情況。

各詐騙類型的案例和應對策略

七大貿易詐騙類型

詐騙類型	各類型的主要案例
偽造文書	偽造匯款單、公司登記證明、納稅證明書、支票等文件，表示自己已付款，並透過假物流公司要求企業發貨，騙取運費和產品。
入侵電子信箱	詐騙分子入侵企業或廠商的電子信箱，暗中觀察交易情況，等到要付款時，冒充企業或廠商發送郵件通知買家付款帳戶有更動，從中騙取貨款。
騙取錢財	以簽訂國際招標合約或原輔材料供應合約時所需的投標文件購買費、遊說資金、律師費、公證費、手續費、要送負責人的禮物等名義，騙取錢財。假冒國際組織、公共機關、大企業員工。
非法居留	偽裝成買家接近企業後，表示想訪問工廠確認產品，藉機要求企業提供簽證邀請函。
付款詐騙	已領取商品，但故意拒絕或逃避付款。
不履行發貨義務	已簽訂合約並完成匯款，卻聯絡不到出口商且未收到商品；出口商故意拒絕發貨或供應與合約條件不符的商品（如工業廢棄物、瑕疵品）。
其他	海外投資詐騙；擅自拿企業的商標申請商標註冊後，禁止企業在當地販售商品之智慧財產權詐騙；故意申請破產，不支付貨款……等等。

資料來源：大韓貿易投資振興公社

　　支援韓國中小企業出口的大韓貿易投資振興公社海外貿易館發現，2017 年 8 月至 2018 年 8 月，以韓國企業為對象進行的國際貿易詐騙案共達 137 件，其中，在非洲受理的貿易詐騙案達 36 件。

　　某天，韓國的一家出口商 A 公司從南蘇丹財政部那收到了電子郵件，上面寫著：「A 公司在限制性招標中被選定為供應商，因此需要支付訂金並提交應備文件。」A 公司覺得有些可疑，於是請大韓貿易投資振興公社海外貿易館幫忙確認。大韓貿易投資振興公社海外貿易館又請南蘇丹財政部幫忙確認，沒想到南蘇丹財政部表示根本就沒有那項標案，他們也不會直接向廠商發送電子郵件。南蘇丹財政部還表示，類似的詐騙案頻發，因此正在展開調查。

　　偽造文書，也就是偽造公司登記證明文件、匯款單、發票、公文等重要文件是最常見的詐騙手段。某天，韓國的 A 公司收到了衣索比亞的 B 公司的聯絡。B 公司表示其標到了衣索比亞政府的採購案，希望 A 公司能供應 22 輛救護車和 8 輛消防車。之後 B 公司訪問韓國，並與 A 公司簽訂了合約。幾天後，B 公司表示其以電匯方式將扣除掉預付款後的餘款匯給了 A 公司，並將匯出匯款申請書影本、衣索比亞政府的購買意向書影本等文件寄給了 A 公司。然而，A 公司卻遲遲沒有收到匯款單上的款項，於是 A 公司試著通知 B 公司其未收到餘款，但 B 公司從此失去了聯繫。更誇張的是，A 公司

都還沒將提單等裝船文件交給 B 公司，B 公司就已經領取了貨物。

最近入侵電子信箱的方式也很多樣。入侵電子信箱是繼偽造文書之後最常見的詐騙手法。詐騙集團通常會在付款階段用類似的電子郵件地址冒充賣家接近廠商，聲稱公司換了帳戶，從中騙取貨款。有一個案例就是一名海外買家從交易多年的韓國出口商那收到了郵件，上面寫著由於銀行帳戶被審計，所以暫時無法收款，請廠商匯款到新的帳戶（墨西哥）。代理商 C 將這封郵件轉發給了買家，買家則將貨款匯到了新的帳戶。但後來證實，這封郵件是冒充 H 公司的駭客發送的郵件，郵件中的附件也全都是偽造的文件。

無論是第一次與新買家進行交易，還是與現有買家簽訂合約，企業都應該多加注意。首先，企業在與新廠商交易前，當然應該先確認廠商的資訊，像是廠商的信用度、過去的交易紀錄。由於有很多假的網站、偽造的公司登記證明文件，企業應該要透過多種管道，多重確認廠商資訊。如果電子郵件地址不是公司信箱，而是 gmail、hotmail 這種個人信箱，請務必格外注意。越是像非洲這種電子化程度低的國家，現場調查就越重要。雖然歐美的已開發國家也一樣，但如果買家是發展中國家的進口商，企業更不妨直接聯繫這些廠商。

其次，要小心過於友好的交易條件。如果對方急著進行交易，就要先起疑心。如果素不相識的買家提出有吸引力的

交易條件，如大量訂購、提議支付預付款或由買家負擔各種交易費用，就要懷疑會不會是貿易詐騙。如果廠商表示其已提前支付貨款並提供匯款單，則要小心有偽造的可能性，企業應該要等到貨款真的入帳再進行交易。

再來，如果是貿易詐騙頻繁發生的國家或大規模的交易，企業可以加入貿易保險，以此來降低付款詐騙風險。交易時盡量提高預付款的比例，也是能將未來損失降到最低的一個方法。

最後，近幾年入侵電子郵件的貿易詐騙頻繁發生。當事人雙方都應該注意。為了以防萬一，企業與非洲廠商應該要有電子郵件以外的其他聯繫方式。合約中也應該另外明示「變更收款帳戶時的協議」，事先準備一套安全機制。就算是平時往來的廠商，如果對方突然告知帳戶有更動，也應該要打電話確認。

10
健康和安全第一

現代醫學還未能征服的疾病

　　2020 年新冠肺炎大流行導致全世界陷入恐慌時，我剛好在非洲工作。不過當時的非洲相當平靜。非洲不僅缺乏隔離設施，還很難買到快篩試劑。政府公布的感染率可信度也很低。當時，坦尚尼亞政府聲稱快篩試劑很可疑，因此停止了新冠檢測，且不再發表統計數據。

　　有很多韓國僑民開玩笑說：「非洲的地方性流行病太可怕了，新冠病毒根本不敢過來。」會這麼說，是因為非洲有很多地方性流行病的致死率比新冠肺炎高。非洲有很多在韓國不常見的疾病，如愛滋病、伊波拉病毒、瘧疾、昏睡病、黃熱病、西尼羅河熱、登革熱，還有各種寄生蟲。

　　蚊子是非洲大部分地方性流行病的媒介。在韓國如果被蚊子叮頂多只會覺得癢，但在非洲要是一個不小心可能會喪命。如果不想被蚊子叮，最好避免晚上外出活動，並且穿上長袖；睡覺時，蚊香、蚊帳必不可少；裸露在外的皮膚最好

塗上防蟲液。

此外，在非洲一定要勤洗手、保持良好的個人衛生習慣；食物一定要煮熟，並只吃安全的食物；在安排行程時，則要避免過度勞累造成疲勞累積。

我赴坦尚尼亞任職前，有一名住在坦尚尼亞、三十歲出頭的韓國年輕女性死於瘧疾。那位女性忽視了往返於坦尚尼亞和韓國時出現的感冒症狀，後來在坦尚尼亞突然喪命。聽說，以前也有發生過像是跆拳道教練這種健康的人，以為自己只是感冒、延誤治療，結果某天突然死亡的事情。瘧疾是一種如果能及早發現就能及早治療，但如果忽視就很有可能會喪命的致命疾病。

我身邊的當地人每年都會感染一次瘧疾，就像每年都會感冒一樣，然後消失個幾天。當地人似乎將瘧疾視為「危險的感冒」，因為瘧疾像感冒一樣容易被感染，還有致命的可能性。之前跟我一起工作的同事也常常因為感染瘧疾而請病假。雖然很多人都會在兩三天後照常上班，但對我們這些外國人來說，真的很令人感到驚訝。總之，如果初期不好好預防，患者很有可能會突然喪命，因此要非常小心。

在居住環境相對良好的地方工作的韓國駐外人員中，也有不少人感染瘧疾。有一名駐外人員雖然順利做到任期結束回到韓國，但在他的記憶中，瘧疾似乎成了一種非常危險的疾病。那位駐外人員說，他當時全身痠痛，抗瘧藥的毒性又

很高，讓他昏昏沉沉了好幾天。

　　瘧疾是熱帶地區的地方性流行病。撒哈拉以南非洲大部分的地區都是瘧疾流行地區。除了撒哈拉以南非洲之外，東南亞、中南美也都是瘧疾流行地區。如果被瘧蚊叮咬，會在 8 ～ 25 天的潛伏期後出現發燒、發冷、肌肉痛等症狀。如果是重症，會伴隨呼吸困難、昏睡、癲癇發作、血尿等症狀。治療方法為口服抗瘧藥。如果是重症，可以靜脈注射抗瘧藥。

　　瘧疾的可怕之處在於它是一種急性傳染病，而且沒有疫苗，只能靠口服藥預防或治療，但抗瘧藥的毒性非常高，所以會造成器官損傷，特別是肝。

　　大部分的東非國家都是黃熱病疫區國家。如果要入境這些國家，必須在出發前十天內打疫苗，並攜帶黃熱病疫苗國際預防接種證明書。如果沒有證明書，就算大老遠飛過去，也只會是白跑一趟。這是一種由黃熱病毒引發的急性病毒性出血熱、致死率高達 25 ～ 50％的致命傳染病。黃熱病毒會在蚊子體內繁殖，被蚊子叮咬就可能感染黃熱病。病患會在 3 ～ 6 天的潛伏期後突然發燒、頭痛，並且肌肉疼痛、嘔吐、結膜和臉部充血。如果症狀嚴重，會伴隨黃疸、咳血、血尿、血便等症狀。傳播黃熱病的蚊子棲息於非洲和美洲。雖然黃熱病可能會像感冒一樣症狀輕微，但嚴重時會發燒、發冷、頭痛、肌肉痛、流鼻血、吐血。此外，由於胃裡的血液會凝固，病患會吐出黑色的血，最後因為肝臟損傷導致黃疸，並

引起急性腎衰竭。這種病患通常會在兩週內死亡。

　　伊波拉病毒的致死率最高可達 90%。其曾在西非的幾內亞、賴比瑞亞、獅子山、奈及利亞等地爆發。如果感染伊波拉病毒，會在 7 ～ 10 天後出現頭痛、肌肉痛、嘔吐等症狀。隨著高燒不斷，還會出現胸痛，並伴隨腹瀉和咳嗽。發病後的第 5 ～ 7 天，皮膚會在長出丘疹一類的疹子後脫皮。目前還未找到這個疾病的宿主。

　　截至 2010 年，全球大約有 4,200 萬名 HIV 感染者，其中大部分的感染者（2,900 萬人）居住於非洲。1990 年，非洲境內感染會引發愛滋病的 HIV 的人不到全體居民的 1%。但才不到十年，就有數百萬名非洲人感染了 HIV。從感染 HIV 到出現症狀通常需要六至八年，而且在此期間不會出現任何症狀，因此要查清實際感染人數需要很長的時間。

　　西尼羅河熱是一種主要發生在非洲和美國等地區的傳染病，同樣經由蚊子傳播，屬於急性中樞神經系統疾病。西尼羅河熱沒有疫苗，因此要避免被蚊子叮咬。

　　昏睡病又稱為嗜睡病，是一種由采采蠅傳播的地方性流行病，流行於撒哈拉沙漠以南、北緯 10 度至南緯 25 度之間的熱帶、亞熱帶地區。采采蠅以吸血維生，種類約有 20 種。雖然其大小只有家蠅那麼大，但嘴巴前端有牙齒。如果被采采蠅叮咬，不僅會出現浮腫、疼痛、發癢症狀，還會淋巴結腫大、身體衰弱、感到無力、出現語言障礙症狀，舌頭和手

也會顫抖。到了末期，病患會不斷陷入沉睡，最後因為營養不良、罹患腦炎、陷入昏迷狀態而死亡。

像這樣，非洲雖然有很多我們連聽都沒聽過的地方性流行病，但醫療設施並不完善。新冠大流行在全球肆虐，非洲則一直都有各種流行病存在。

當地人最了解當地的地方性流行病。由於在韓國可能不容易買到抗瘧藥，所以有人會建議赴非洲出差時，直接在當地購買抗瘧藥，等回到韓國出問題時，再拿出來服用。無論是短期出差還是常駐，健康永遠都最重要，隨時都要注意身體健康。

生命安全第一，切忌與當地人結怨

非洲的夜晚非常漫長。在這裡，由於供電不足，路上很難看到路燈，而且路面凹凸不平，開起車來也很不舒服。此外，走夜路非常危險，因為隨時隨地都有可能成為犯罪分子的目標。如果只是單純被搶劫，那可能還不算什麼，只要把身上的現金和手機都交出來，就能保住小命；但如果是被想要巨額贖金的搶匪綁架，事情可就沒那麼簡單了。

非洲隨時隨地都會頻繁發生事故。在非洲，無論是到哪個地區，僑民之間都一定會流傳著一兩件包含強盜案在內的犯罪事件。犯罪分子作案不會分地點。入室搶劫、當街搶劫

在這裡司空見慣，危險無處不在。

坦尚尼亞的某家大企業總裁也曾被綁架過。2018 年 10 月，一名坦尚尼亞首富在運動完後走出健身房時，遭到數名持槍綁匪綁架。被綁架的坦尚尼亞首富穆罕默德・戴瓦吉是非洲最年輕的億萬富翁，也是坦尚尼亞最大的民營企業 MeTL 集團的執行長。

當時出現了各種陰謀論，家屬則懸賞了一億先令（約 65 萬美金）。戴瓦吉在被綁架九天後終於獲釋，他親自宣布自己平安返家，並向坦尚尼亞警察機關表達了謝意。雖然戴瓦吉未提及贖金，但他表示，綁匪在看到警方縮小調查範圍後，擔心被捕而放棄了贖金。

非洲還有很多槍擊案等驚悚的事件。大部分的案件都是發生在受害者提領大筆現金後移動的時候。據說，坦尚尼亞就發生過進軍當地的某家外國企業的派遣員工去銀行提領薪資後，在回公司的路上被持槍搶匪槍擊的事件。當時司機當場死亡，派遣員工雖然腹部被貫穿，但所幸沒有生命危險。

此外，非洲還有很多飛車搶劫等輕微的民生犯罪案件。我在坦尚尼亞工作時，就聽說過不少當街搶劫案的消息。聽說，有一名在國際組織工作的年輕白人女性遭當地搶匪綁架，被押去提款機提領現金。雖然那位女性身體未受到傷害，但在遇到那起搶劫案後，她立即返回了母國。購物中心附近也經常會發生民生犯罪、飛車搶劫等事件，每當人們快遺忘

有這類事件時，就會再次傳出犯罪消息。

當街搶劫的手法中，最典型的手法就是搶外國路人的包包。搶匪大多都會騎機車或開車。這種時候，如果強烈抵抗、不讓歹徒搶走包包，可能會遭受更大的傷害。一名亞裔女性就因為抵抗飛車搶劫，而當場腦震盪死亡。也有一名國際學校的學生被飛車搶劫，不幸中的大幸是那名學生當時側背書包，所以沒有造成更大的傷害。建議各位在非洲不要斜背包包，而是要側背。要是整個人跟著包包被汽車或機車拖著走，可能會造成更大的傷害。

此外，開車時隨時都要小心。晚上在落後國家開車時，如果看起來有危險，那不管是紅燈還是綠燈，最好都不要停車。因為隨時都有可能會被騎著機車的搶匪襲擊。有陌生人試圖把車攔下時也一樣。聽說，有搶匪會向正在行駛的汽車丟雞蛋、或朝擋風玻璃噴不容易擦乾淨的化學物質，讓車停下來後進一步行兇。

再來，切忌與當地人結怨。2018 年的夏天，坦尚尼亞發生了一起中國駐外人員死亡的事件。據新聞媒體報導，某家進軍坦尚尼亞的中國企業總公司的派遣員工解僱了當地員工，那名員工一氣之下當場殺死了中國員工。

還有一個案件是，一名韓國駐外人員的住家遭到了搶匪入侵。歹徒闖入民宅的手法相當大膽，他直接拆了那名駐外人員住的五樓公寓家的大門。幸好那名駐外人員剛好去休

假，所以沒有人員傷亡。不過家裡的現金都被歹徒洗劫一空。

其實，大部分的犯罪很有可能與知道內情的人有關。知道受害者什麼時候會提領公司資金、身上持有大量現金等內情的當地人就很有可能是共犯。我們要與當地人保持友好關係，但也最好不要走得太近，因為難保不會惹禍上身。在與司機、幫傭說話時要格外小心。如果長期不回家，可以讓信得過的人偶爾去家裡巡視一下。

上下班時或提領薪資後，要特別注意搭乘的交通工具和利用的路線。就像電影裡的間諜一樣，偶爾換一下上下班的時間和動線比較好。

結語

　　韓國等已開發國家的市場正因為高齡化而進入停滯期。日本失落的二十年也還在繼續。韓國自然資源匱乏，必須靠出口帶動經濟成長，但誰也不能保證現在的主力市場今後也會持續帶動交易。這也就是為什麼我們要關注尚未被開拓的市場。

　　近幾年，非洲市場再次受到關注。雖然非洲到現在都還有被西方列強掠奪後留下的歷史痕跡，但潛力無處不在。非洲擁有豐富的自然資源，人口也在暴增。其在各個方面都擁有獨一無二的潛力。作為未來市場，非洲市場將有機會成為引領經濟成長的新市場。

　　非洲的潛力和市場價值並未得到充分的肯定。種族衝突、政變、長期執政形成的惡性循環正在妨礙非洲的經濟成長。但並不是所有國家都是如此。我們一直都對非洲有許多成見，如腐敗、飢餓、投資風險因素。

　　非洲這個地方無人不知、無人不曉，但大部分的人都不了解非洲。雖然在很多人眼裡非洲就宛如一個國家，但這片大陸上的國家各有各的特色。有的國家內戰頻發，導致國民活在貧窮和絕望之中；有的國家實現了現代化、充滿了活力，

中產階級人口正在日益增加。

企業應該要在非洲發生變化時從中探尋機會。2050 年，非洲人口將達到 25 億人，勞動人口將占全世界的 25％。中產階級的快速成長預示著非洲作為世界市場的作用。非洲是一個今後有望取代中國和東南亞的生產基地和最大的消費市場。全世界都在關注著非洲。為了搶占非洲，各國正在展開一場以中國為首的新爭奪戰。

對韓國企業來說，這無疑是一個充滿希望的機會。只要我們能拋開對非洲市場的成見，親自接觸各種消費族群和文化，擁有 14 億人口的巨大市場將展現在我們眼前。

我一直都很想與讀者們分享二十多年來我在美國、中國等國家支援韓國企業出口業務，以及三年來在非洲常駐時累積的經驗和我的想法。希望這本書能幫到所有對非洲有興趣的讀者。

我完成這本書的動力來自於眾多人的幫助。感謝我目前任職的大韓貿易投資振興公社的社長、外國人投資行政監察官及所有前輩和後輩。我之所以有知識和經驗寫這本書，都要歸功於公司。我赴任巴基斯坦、美國、中國和非洲，以駐外人員身分支援韓國企業的出口業務時累積的經驗也讓我打下了底子。本書的內容皆來自於前輩們的非洲相關經驗和知識。

最後，我要感謝我的家人。我一直都很感謝我親愛的妻

子和我的女兒承恩、情恩無論是要頻繁地往返國內外，還是要適應不同的環境，都總是堅定地陪在我身邊。

2022 年 5 月　李洪均

高寶書版集團
gobooks.com.tw

RI 382

2030 年，世界經濟中心在非洲：汽車、能源、金融、醫療、時尚……未來，製造業基地與新興消費市場都在這裡！

포스트 차이나 아프리카를 공략하라

作　　者	李洪均（이홍균）
譯　　者	金學民
責任編輯	林子鈺
封面設計	林政嘉
內頁排版	賴姵均
企　　劃	鍾惠鈞

發 行 人	朱凱蕾
出　　版	英屬維京群島商高寶國際有限公司台灣分公司
	Global Group Holdings, Ltd.
地　　址	台北市內湖區洲子街 88 號 3 樓
網　　址	gobooks.com.tw
電　　話	（02）27992788
電　　郵	readers@gobooks.com.tw（讀者服務部）
	pr@gobooks.com.tw（公關諮詢部）
傳　　真	出版部（02）27990909　行銷部（02）27993088
郵政劃撥	19394552
戶　　名	英屬維京群島商高寶國際有限公司台灣分公司
發　　行	英屬維京群島商高寶國際有限公司台灣分公司
初版日期	2024 年 2 月

國家圖書館出版品預行編目（CIP）資料

2030 年，世界經濟中心在非洲：汽車、能源、金融、醫療、時尚 …… 未來，製造業基地與新興消費市場都在這裡 !/ 李洪均著；金學民譯 . -- 初版 . -- 臺北市：英屬維京群島商高寶國際有限公司臺灣分公司, 2024.02
　　面；　　公分 .--（致富館；RI 382）

譯自：포스트 차이나 아프리카를 공략하라

ISBN 978-986-506-929-2（平裝）

1.CST: 經濟發展　2.CST: 經濟政策　3.CST: 非洲

552.6　　　　　　　　　　　113001707